AI 赋 能 未 来 工 程
北 大 附 小 创 变 者 计 划

AI 启航计划
零基础教学指南

主 编
王添淼

副主编
任 辉 熊校良

中国少年儿童新闻出版总社
中国少年儿童出版社
北 京

U0680932

图书在版编目（CIP）数据

AI启航计划：零基础教学指南 / 王添淼主编.
北京：中国少年儿童出版社，2025.9. -- （AI赋能未来
工程：北大附小创变者计划）. -- ISBN 978-7-5148
-9911-5

Ⅰ. G622.421-39

中国国家版本馆CIP数据核字第2025KS7337号

AI QIHANG JIHUA
LING JICHU JIAOXUE ZHINAN
（AI赋能未来工程：北大附小创变者计划）

出版发行： 中国少年儿童新闻出版总社
中国少年儿童出版社

执行出版人：张晓楠

责任出版人：刘 浩

责任编辑：叶 丹 娄 旻　　　　　　封面设计：孙美玲
美术编辑：马 欣 任 伟　　　　　　责任校对：田荷彩
责任印务：李 洋
（本书部分图片由AI生成）

社　　　址：北京市朝阳区建国门外大街丙12号　　邮政编码：100022
编 辑 部：010-57526824　　　　　　总 编 室：010-57526070
发 行 部：010-57526258　　　　　　官方网址：www.ccppg.cn

印刷：北京印刷集团有限责任公司

开本：720mm×1000mm 1/16　　　　　　　印张：6
版次：2025年9月第1版　　　　　　　　　印次：2025年9月第1次印刷
字数：150千字　　　　　　　　　　　　印数：1—5000册

ISBN 978-7-5148-9911-5　　　　　　　　　定价：32.00元

图书出版质量投诉电话：010-57526069　　电子邮箱：cbzlts@ccppg.com.cn

"AI 赋能未来工程: 北大附小创变者计划"丛书
编委会

主编的话

　　当人工智能成为重塑未来的力量，如何让每个孩子都能触摸到这门技术的温度与边界？《AI启航计划：零基础教学指南》正是源于这样的初心，它诞生于北京大学附属小学十余年人工智能课程的实践沉淀，是为零基础学习者量身打造的AI启蒙指南。

　　本书系统呈现了北京大学附属小学人工智能课程的建设成果与实践经验，明确了课程的素养目标与培养方向，结合北大附小"三层—五类"核心素养体系，构建起科学的人工智能课程内容体系，涵盖整体与学段设置；同时通过详细的教学项目实践，展现基于项目的教学模式，将抽象的技术转化为可触摸的学习场景，让教学从知识灌输转向思维培养，真正实现"以学生为中心"的课堂转型。

　　愿《AI启航计划：零基础教学指南》成为广大一线教师的"同行指南"，以AI为舟，以教育为楫，引导孩子们驶向充满可能的未来！

目　录

目　录

第一章

北大附小人工智能课程建设背景

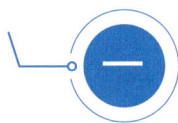

一 北大附小人工智能课程构建需求

1. 国家和社会的发展需要

随着"互联网+"的传播和大数据、云计算与人工智能等新技术的发展，我们正在走进人工智能时代。近年来，人工智能的发展呈现出深度学习、跨界融合、人机协同等新特征，推动了社会各领域从数字化、网络化向智能化的跃升，深刻改变着人们的生活方式和思维模式。

2017年7月，国务院印发了《新一代人工智能发展规划》，在这一规划中明确指出要加强人工智能科普工作，在中小学开设

人工智能相关课程。国家还先后启动了新一代人工智能重大项目，提出了加强基础理论研究、建立国家级人工智能技术研发及支撑平台、建设人工智能强国等目标；同时将创新人才的培养视为未来竞争力发展的关键，党的二十大报告强调要着力造就拔尖创新人才。

当今社会是飞速发展的信息社会，并正在迅速进入瞬息万变的智能时代。国家、社会和技术的发展，需要作为未来社会主人的学生们具备相应的核心素养，能够理解、遵循、参与并融入当今与未来世界，能够更好地适应社会的变化，进行自如的交流分享，能够负责地参与社会生活；面对网络信息智能时代，能够在现实和虚拟交融中更好地适应线上线下的双线生活，承担个人在信息社会中的责任和义务，成长为自如的信息获取者和交流者、有效的技术使用者、创新的技术设计者和理性的技术反思者，以理性、开放、包容、负责的态度，为未来的社会需要和个人发展做好准备。

小学阶段是创新思维培养的关键期，担负着为培养创新人才埋种子、打底子的重任，对于夯实创新人才发展的基础至关重要。

2. 北大附小学生的实际需要

（1）学生基础水平较高

北京大学附属小学（以下简称北大附小）在 20 世纪 90 年代就已开设信息技术课；2000 年引入编程、机器人社团活动，并参与不同级别的竞赛；2005 年全面开设机器人校本课程。当前，北大附小面向三年级开设小小创客必修课程，四年级开设机器人必修课程，五年级开设单片机必修课程，六年级开设设计实践课程；面向三至六年级开展机器人、单片机、程序设计、小小创客等多门选修课，并且为部分有兴趣专长的学生设置科技创新社团活动。

北大附小的生源主要来自北京大学的教师子弟。孩子们出生在高素质的知识分子家庭，家长们普遍学历高、见识广，对孩子的教育注重的不仅仅是知识层面，更多的是对其思维的培养，因而对学校开设的动手操作类、思维培养类课程往往表现出更多的关注。学生兴趣广泛、思维活跃，综合能力较强，近半数的学生有图形化编程、代码编程、机器人等相关课外知识。

（2）学生的个性化需求

在北大附小，有的孩子已不满足正常教材所学的内容，有的孩子对机器人课程、程序设计课程、创客课程等表现出浓厚的兴趣。而让每一个学生都自在成长，让每一个学生都找到发展方向，让每一个学生兼具科学素养和人文素养，拥有创新品质，成为崇尚道德、善学求进、个性发展的人，成为具有创新精神、实践能力，肩负家国责任，适应未来社会发展需求的人才，是北大附小人工智能教育的发展目标。为了实现这一目标，教师需要引导学生在学习实践中进行项目式学习，形成多元评价体系，促进学生展现个性特色和全面发展。

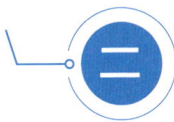

二 基于项目的北大附小人工智能课程构建基础

1. 校情分析

北大附小是一所有着百年历史的全日制公办校。学校占地40余亩，教职工180人，教学班63个，学生人数2300余名。

多年来，北大附小在北大精神的滋养中不断成长。它通过自由开放的课堂教学、以美育人的文化浸润、民主和谐的学校管理，创设丰富充盈的学校生活，为孩子们的终身发展奠定基础，"让每一个孩子都得到独具特色的发展，使之成为幸福的、高素养的中国公民和世界公民"。

2011年以来，随着国家课改的纵深推进，北大附小全面启动了生命发展课程改革。生命发展课程体系从关注生命的角度，以"人作为个体生命的完整性"强调课程的整体性建构。改革的核心为"三层—五类"课程模型建构："三层"即"三个层次"，分别是基础类课程、拓展类课程、研究类课程；"五类"即"五个类别"，分别是人文素养、科学素养、健康艺术、社会交往、国际理解五大核心素养。

近年来，北大附小聚焦"生命发展"这一主题，注重顶层设计，不断整合各类课程，以"三层—五类"课程实施与创新为重点，覆盖国家、地方、学校三级课程架构，打造核心课程学科群，逐步形成了开放式、个性化的生命发展课程体系。

学校于2005年设计开发指向创新思维培养的特色校本课程——"机器人和单片机"，国家基础课程与校本课程呈独立散点式开设实施。2011年至2014年，相关多门散点课程已发展成必修或选修课程系列，包括信息技术国家基础课程、机器人、单片机、小小创客等在内的选修、必修课程系列，旨在学生创新思维的培养。

在此期间，学校教师团队编写出版了多本校本课程读物，机器人校本课程获得北京市基础教育课程建设优秀成果二等奖。

结合学校课程的系列实践，2015年至2016年，首先于面向部分年级的机器人校本课程中展开基于项目的学习活动；2017年至2020年，结合北京市"十三五"教育科学规划课题，围绕项目学习展开重点研究，在信息技术国家基础课程和部分特色校本课程中全面开展基于项目的学习。在项目学习实践并对其深入研究的基础上，构建并实施基于项目的学校特色信息科技课程群，并在课程群基础类、拓展类、研究类三级课程中系统展开项目学习，进行跨学科的创新实践。

学校特色信息科技课程群获

得北京市基础教育课程建设优秀成果一等奖，项目学习的相关研究获得北京市海淀区教育科研成果一等奖。

北大附小信息科技课程群，为该校人工智能课程的构建与实践提供了支持与空间，使人工智能课程归属附小信息科技课程群的统整实施得以顺利进行。

2. 教师分析

北大附小拥有一支优秀的教师团队，团队包括1名北京大学教授（博士生导师）、5名特级教师、5名北京市市级学科带头人及骨干教师、几十名海淀区学科带头人及骨干教师，形成了"专家引领—特级示范—骨干攻坚—青年创新"的梯队结构，为学校小学人工智能课程的建设奠定了坚实的基础。

在人工智能课程师资方面，2名专职特级教师作为示范者，在人工智能教育领域耕耘多年，不仅拥有国家级教学成果奖项，更凭借丰富的一线教学经验，精准把握课程重难点，深度理解人工智能教学原理。

市区级骨干教师作为中坚力量，是人工智能教学实践的先行者，曾在全国中小学信息技术优质课评选中荣获特等奖。

青年教师积极探索教育新技术，运用虚拟现实和增强现实技术，打造沉浸式学习场景。

这支信息科技教育团队凭借卓越的专业素养，获得了2014年教育部颁发的"全国优秀教研组"荣誉称号。

在教育教学科研方面，师资队伍积极承担了中国教育学会课题、北京市教育科学规划课题、海淀区教育科学规划课题等多项与人工智能相关的研究课题，出版多本教育教学专著和校本课程读物，在核心期刊发表多篇论文并获各级奖项，显示了较强的教育科研能力和课程研发经验。

人工智能教师团队的丰富经验、科研能力、专业背景、个性特色和站位理念，为北大附小人工智能课程的规划构建、落地实践及丰富改进提供了有力的保障。

以上分析表明，北大附小人工智能课程的构建需要：从目标上关注人的全面发展，重点关注全面发展所必备的关键能力和品格；从内容上基于义务教育信息科技课程内容，增加人工智能课程涉及的知识，并主动进行多学科知识融合，为实现学生的全面发展奠定基础；从方式上基于义务教育信息科技课程结合人工智能课程统整建立信息科技课程群，基于项目引领学生展开探索实践，促进教学方式的变革，提升学生学习品质。

第二章
北大附小人工智能课程素养目标指向

一 内化北大附小人工智能课程素养指向

1. 学校"三层—五类"之五大核心素养

2016年3月，教育部公布了《中国学生发展核心素养（征求意见稿）》。该意见稿指出，学生发展核心素养，是指学生应具备的、能够适应终身发展和社会发展需要的必备品格和关键能力，综合表现为九大素养。

北大附小课程核心架构为"三层—五类"模型。课程重在培养学生五大核心素养：人文素养、科学素养、健康艺术、社会交往和国际理解。

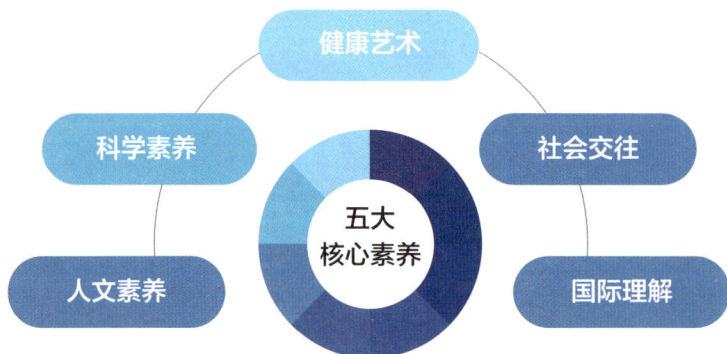

2. 北大附小人工智能课程之素养指向

北大附小人工智能课程作为其信息科技课程群的一个重要系列，其素养指向与课程群素养指向保持一致。

教育部《义务教育信息科技课程标准（2022年版）》指出，义务教育信息科技课程具有基础性、实践性和综合性的特点，要遴选"科"与"技"并重的课程内容，构建逻辑关联的课程结构；倡导真实性学习，鼓励"做中学""用中学""创中学"；结合素养导向的多元评价，进行学科核心素养——信息意识、计算思维、数字化学习与创新、信息社会责任的培养和提升。

其中，信息意识包含学生对信息的敏感度和对信息价值的判断力；计算思维指的是个体运用计算机科学领域的思想方法，如在问题解决过程中涉及的抽象、分解、建模、算法设计等思维活动；数字化学习与创新包括对数字化环境的适应、数字化资源的利用以及创造创新能力；信息社会责任则蕴含了有关文化修养、道德规范、行为自律、家国责任等方面的意识水平。

同时，课标强调从学科核心素养出发，各维度紧密交织，共同驱动创新思维的培养。在信息意识方面，学生能理解科学精神和原创精神，具备将创新理念融入自身学习和生活的能力；在计算思维方面，学生能了解算法的特征和效率，能够验证解决方案，反思问题解决的过程和方法，并对其进行持续不断的优化；在数字化学习与创新方面，学生能根据任务需求，运用信息科技获取、加工和管理学习资源，开展数字化探究和创新活动；在信息社会责任方面，学生应正确应对人工智能对社会的影响，把握创新的方向，提升创新的社会价值。

具有对信息的敏感度和对信息价值的判断力；能够根据需要选择恰当的方式进行信息的获取和处理；具有良好的信息社会适应性和安全意识。

了解和体验运用算法形成解决方案的过程；学会解决问题的一般方法；能够有意识地将所学方法迁移到生活中，创造性地解决问题。

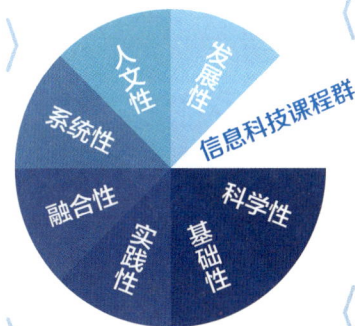

利用数字化资源进行学习探究；认识到数字化环境的优势与局限，适应数字化学习环境；利用资源支持进行特色创新。

遵守信息社会法律法规，认识自主可控和原始创新，具备信息安全意识；关注科学与人文发展，认同国家民族价值文化；具备正确运用所学服务于人和社会以及国家的责任意识。

北大附小信息科技课程群核心素养

围绕北大附小信息科技课程群核心素养指向培养，同时反映学校生命发展课程体系及国家对育人目标的要求，分别从课程广度、深度、支持、理性层面思考构建指向小学生核心素养特别是创新思维培养的信息科技课程群。课程广度基于课程多维、拓宽视野；课程深度着眼科学人文、涵养底蕴；课程支持指向资源多样、系统学习；课程理性回归评价反思、责任创新。

北大附小信息科技课程群具有科学性、基础性、实践性、融合性、系统性、人文性、发展性的特征。

从目标上，关注人的全面发展，重点关注全面发展所必备的正确价值观、关键能力和品格，指向学生核心素养包括创新素养的提升；从内容上，除小学信息科技课程群涉及的学科内容外，主动进行多学科涉猎、跨学科融合，为实现学生全面发展特别是增强创新思维发展奠定基础；从方式上，统整信息科技课程群，促进教学方式的变革，提升学生学习品质，增强其创新能力水平。

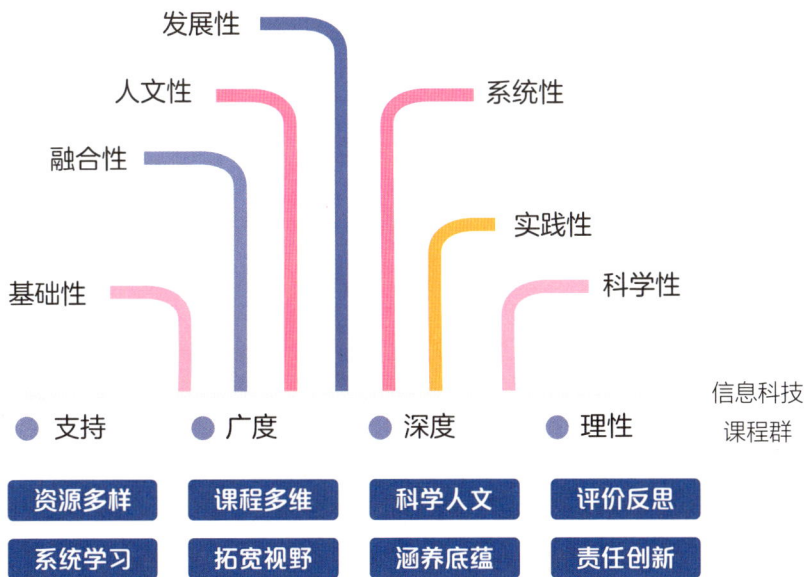

北大附小信息科技课程群特点

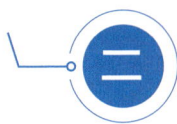

二 确立北大附小人工智能课程培养目标

1. 北大附小人工智能课程指导思想

课程要引导帮助学生掌握人工智能基础概念原理，学会运用正确的、系统的方法解决问题，适应信息社会人工智能时代的发展，自觉遵循信息社会智能时代的道德规范，在探索发现、学习实践和反思创新中认识世界、理解世界、拥抱世界，成为数字化时代的合格中国公民和世界公民。

基于课程标准和学校育人理念的要求，围绕北大附小信息科技课程群的素养指向，北大附小人工智能课程的构建聚焦学生是"课堂的中心"，关注每位学生独具特色的成长经历，为每位学生指引发展的方向。

同时，基于信息科技课程群，打造科学与人文底蕴兼具的课程体系；基于真实情境，以项目单元架构设计活动，引领学生在学科融合、探究发现、选择反思中成长发展，并且充分利用软件平台技术和机器人等硬件支持，展开项目学习活动，进行教学案例实践研究。

教师应借助软件平台，让学生进行人工智能背后编程算法的理解和学习；利用硬件设备，让学生进行模拟、验证、测试，充分感受和体验生活中的人工智能应用，并借助更多平台资源深入学习人工智能相关知识。

2. 北大附小人工智能课程培养目标

基于特色信息科技课程群，在人工智能课程的学习中，首先，希望学生能够主动地进行人工智能基础知识的建构，进而能够进行多样的选择，主动应用所学技术知识解决问题，实现个体准确充分的表达以及解决问题的能力的提升。

其次，希望学生能够敏锐地感受到数据信息的变化，对数据的价值做出正确的判断，并且能够根据解决问题的需要，自觉、主动地寻求恰当的方式方法，获取、处理、交流、分享数据，在根据需要进行合理选择、理解判断的过程中，具备评价反思的意识，进而促使自身对信息社会、智能时代具有良好的适应性和数据安全意识。

最后，希望信息科技课程群包括人工智能课程能够引导学生保有科学理性的同时，浸润人文的滋养。

通过北大附小信息科技课程群的学习探究，学生们能够了解信息科技的相关文化知识，具有信息社会智能时代的文化底蕴，认同国家民族的价值与文化；具备正确判断技术特别是人工智能技术带来的伦理风险的意识；具有运用所学知识服务于人、服务社会和国家的责任意识；能够利用相关知识方法和资源支持进行持续的、多种形式的学习探究和特色创新。

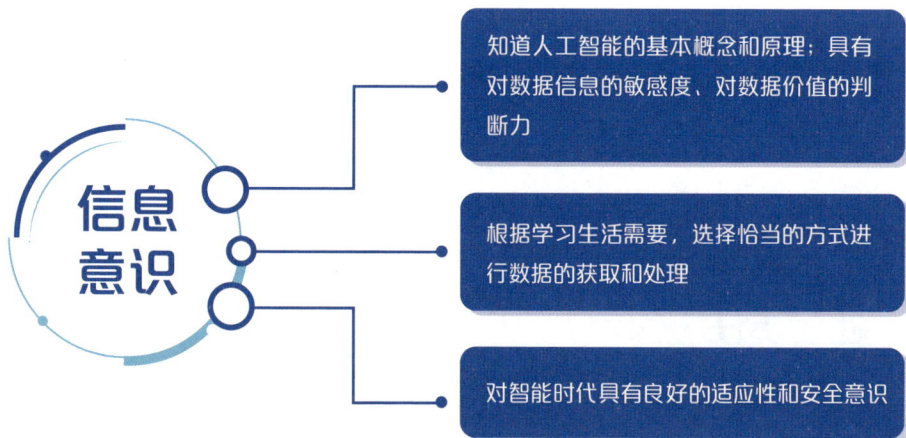

信息意识

知道人工智能的基本概念和原理；具有对数据信息的敏感度、对数据价值的判断力

根据学习生活需要，选择恰当的方式进行数据的获取和处理

对智能时代具有良好的适应性和安全意识

计算
思维

- 体验运用算法形成解决问题方案的过程
- 学会系统解决问题的一般方法
- 能够主动将所学方法迁移到生活中解决实际问题

数字化
学习与创新

- 主动利用智能工具平台资源进行自主学习和合作学习探究
- 积极适应智能工具平台环境，认识人工智能的优势与局限
- 利用多样资源支持进行特色创新，表达观点和思考

信息
社会责任

- 遵守信息社会法律法规，具备数据安全意识与能力，认识人工智能伦理风险
- 关注科学与人文发展，认同国家和民族的价值与文化
- 具备正确运用所学服务于人、服务社会、服务国家的责任意识

北大附小人工智能课程培养目标

第三章

北大附小
人工智能课程的
内容体系

一 基于项目构建北大附小信息科技课程群内容体系

1. 信息科技课程群构建策略

基于北大附小信息科技课程群的素养指向及培养目标，信息科技课程群采用"项目式课程"模式，基于课标与教材、学生起点需要和真实生活3个维度进行设计构建。

2. 信息科技课程群架构体系

信息科技课程群架构体系包括3个维度，分别是基础类课程、拓展类课程和研究类课程，包含信息科技基础课程、学校AI大讲堂、年级综合实践活动，还包括机器人、单片机、小小创客、创意编程、人工智能创新研究等多门课程。

在学校特色信息科技课程群的3层课程中，每层课程均包含学科类、跨学科类和创新发展类3类课程。

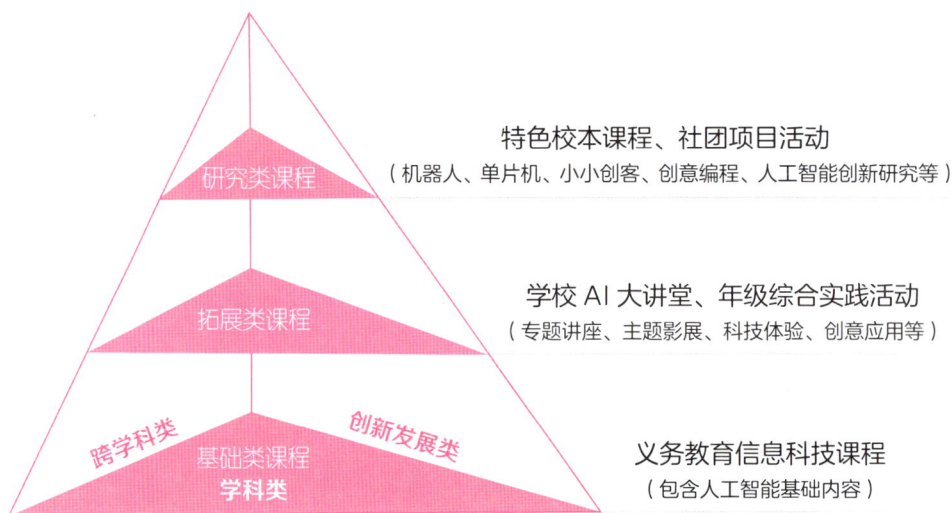

研究类课程
特色校本课程、社团项目活动
（机器人、单片机、小小创客、创意编程、人工智能创新研究等）

拓展类课程
学校AI大讲堂、年级综合实践活动
（专题讲座、主题影展、科技体验、创意应用等）

跨学科类　创新发展类
基础类课程
学科类
义务教育信息科技课程
（包含人工智能基础内容）

北大附小信息科技课程群架构体系

课程运用基于项目设计开展学习活动的方式，围绕真实情境、真实问题，引领学生进入认知实践、探究思考及合作共享的学习过程，进而结合多元多维的系统性评价体系，引导学生评价反思，其目标指向培养学生成为具有创新精神、实践能力，肩负家国责任，适应未来社会发展需求的人才。

北大附小信息科技课程群具体内容体系如下表所示。

学校特色信息科技课程群内容体系

北大附小信息科技课程群					
课程门类	课程名称	课程目标	课程内容	课程特色	课时安排
基础类课程	信息科技基础课程	掌握基础知识概念、原理，能够运用所学知识进行多样表达，具有信息社会责任意识，提升信息科技核心素养	■ **三年级**：在线生活、在线学习、在线安全——适应融入信息社会，具有信息安全意识 ■ **四年级**：数字与编码、数据与数据安全、数据的组织与呈现——学会用数据解决问题 ■ **五年级**：算法的描述、算法的执行、算法的效率——具有良好的信息意识，具有服务于人、服务国家和社会的责任意识 ■ **六年级**：系统与模块、反馈与优化、逻辑与运算——主动选择应用所学知识解决问题，能够进行正确的评价和反思，明确所承担的信息社会责任	■ 儿童是课堂的中心，尊重学生起点 ■ 聚焦身边生活，以真实问题驱动学习探究 ■ 基于项目进行单元统整设计与实施 ■ 关注多学科知识融合，促进能力发展 ■ 提供多种形式策略资源支持 ■ 重视多维度评价，发挥评价导向作用	面向三至六年级，每周1节
拓展类课程	学校AI大讲堂	拓展信息科技学科以及相关学科知识，增强利用资源进行学习和探究的能力，提升信息意识和人文素养水平	■ **专题讲座**：人工智能领域专家学者进校讲座 ■ **主题影视**：围绕科学技术特别是信息科技和人工智能相关主题，放映专题纪录片和故事影片 ■ **科技体验**：学校科技节、年级科技场馆参观、公益项目体验等	■ 主题多元多维 ■ 活动形式多样 ■ 线上线下双重空间展开活动 ■ 注重学生体验、分享、交流 ■ 持续多重策略资源支持 ■ 关注多学科知识融合，关注科学素养和人文素养并举	面向一至六年级，每两周1次，每次90分钟
	年级综合实践活动				

北大附小信息科技课程群					
课程门类	课程名称	课程目标	课程内容	课程特色	课时安排
研究类课程（部分）	机器人探索	激发探索和学习的兴趣，掌握机器人知识，增强发现问题、解决问题的能力，建立良好的计算思维，增强合作共享、项目管理、创造创新能力，提升核心素养	■**校本必修**：利用机器人器材，基于真实生活问题，展开项目学习 ■**兴趣选修**：利用机器人器材，结合创意项目，进行多样的选择，展开跨年级、跨学科的项目学习	■校本读物正式出版 ■聚焦真实问题，以项目驱动学习探究 ■关注跨学科知识融合，促进能力发展 ■提供多形式、多渠道策略资源支持 ■重视过程性评价和项目评价 ■关注项目过程和项目管理	■**校本必修**：面向四年级，每周1节 ■**兴趣选修**：面向三至六年级部分学生，每周三下午90分钟
	神奇的单片机	激发探索和学习的兴趣，掌握单片机知识，能够应用知识解决实际问题，建立良好的计算思维，增强合作共享、项目管理、创造创新的能力，提升核心素养	■**校本必修**：利用单片机器材，基于真实生活问题，展开项目学习 ■**兴趣选修**：利用单片机器材，结合创意项目，进行多样的选择，展开跨年级、跨学科的项目学习	■校本读物正式出版 ■聚焦真实问题，以项目驱动学习探究 ■关注跨学科知识融合，促进能力发展 ■提供多形式、多渠道策略资源支持 ■重视过程性评价和项目评价 ■关注项目过程和项目管理	■**校本必修**：面向五年级，每周1节 ■**兴趣选修**：面向三至六年级部分学生，每周三下午90分钟

（续表）

北大附小信息科技课程群					
课程门类	课程名称	课程目标	课程内容	课程特色	课时安排
研究类课程（部分）	小小创客	学会应用多学科知识，于分析设计解决方案过程中，学会发现解决问题的方法，增强合作交流和创造创新能力，提升核心素养	■ **校本必修**：就地取材，基于真实生活问题，展开项目学习 ■ **兴趣选修**：利用多种器材，结合创意项目，让学生进行多样的选择，并展开跨年级、跨学科的项目学习	■ 聚焦真实问题，以项目驱动学习探究 ■ 关注跨学科知识融合，促进能力发展 ■ 提供多形式、多渠道策略资源支持 ■ 重视过程性评价、项目测评 ■ 关注项目过程和项目管理	■ **校本必修**：面向三年级，每周1节 ■ **兴趣选修**：面向三至四年级部分学生，每周三下午90分钟
	人工智能	体验人工智能在生活中的实际应用，了解人工智能的概念原理等基础知识，提升信息意识和计算思维水平，提升人文素养	■ **校本必修**：关注技术发展，基于真实生活问题，展开项目学习 ■ **兴趣选修**：关注技术发展，基于真实生活问题，展开项目学习	■ 聚焦真实问题，以项目驱动学习探究 ■ 关注跨学科知识融合，促进能力发展 ■ 提供多形式、多渠道策略资源支持 ■ 重视过程性评价和项目评价 ■ 关注项目过程和项目管理	■ **校本必修**：面向六年级，每周1节 ■ **兴趣选修**：面向三至六年级部分学生，每周五下午90分钟
	科技创新	增强项目研究能力，提升创造创新水平，提升核心素养	■ **社团项目**：结合兴趣和专长，基于真实问题，展开项目研究 ■ **竞赛项目**：结合创新竞赛项目，基于真实问题，展开专项研究	■ 跨单元跨学科的项目融合研究学习 ■ 提供多形式、多渠道策略资源支持 ■ 重视过程性评价和项目评价	面向社团专长学生，每周一至周五下午90分钟

二 基于项目构建北大附小人工智能课程内容体系

1. 人工智能课程内容整体设置

基础类课程： 基础类课程是指三、四、五、六年级的义务教育信息科技基础课程，主要以国家审定通过的信息科技基础教材为依托，重点完成信息科技包括人工智能基础概念原理的知识建构，让学生能够选择运用所学知识进行多样表达以及问题解决，培养学生的信息意识、计算思维以及数字化学习与创新水平，引导学生形成信息社会责任意识。

拓展类课程： 拓展类课程依托学校 AI 大讲堂和一至六年级综合实践活动，重点关注科学技术特别是人工智能相关领域的历史发展、变化进步、前沿研究等内容，通过开展专题讲座、主题影展、科技体验等多种形式的实践活动，为学生拓展和丰富科技信息，包含人工智能相关学科知识，拓宽学习视野，提供学习探究资源支持，提升学生的科学素养和人文素养水平。

研究类课程： 研究类课程包含校本特色必修课程、兴趣选修课程以及社团项目研究课程等，具体包括机器人探索、神奇单片机、小小创客、创意编程、人工智能创新研究等课程。面向一至六年级学生，结合研究发展学生的兴趣，进行跨学科融合学习，重点关注学生对相关专业领域涉及知识概念原理的理解，增强学生发现问题、解决问题的能力，帮助学生建立良好的计算思维，增强系统解决问题的能力以及创造创新的能力，提升核心素养水平。

2. 人工智能课程内容学段设置

三年级课程

课程目标：

通过视频观看、技术体验等形式，了解人工智能的概念及发展历程；通过分析生活中的真实案例，能够描述人工智能的基本特点，掌握人工智能使用的规范；通过人工智能典型案例的剖析，了解智能信息处理的巨大进步和应用潜力，认识人工智能在信息社会中的重要作用；通过文字、画图等方式，设计或改造现有的物品，设计人工智能产品；基于人工智能的项目式学习，激发学习兴趣，提升创新意识水平。

课程内容：

人工智能通识——了解人工智能的概念、人工智能的发展历史，知道人工智能发展的社会意义。

人工智能体验——人脸识别：感知图像识别的特征，学习图像识别的基本知识，掌握使用图像识别的规范。智能音箱：感知语音识别的特征，学习声音的基本知识，掌握使用语音识别的规范。智能对弈：感知机器智能的主要特征，体会人工智能的优势与不足。

创意应用设计——观察生活中遇到的问题，让学生利用画图等工具尝试设计创意人工智能模型，对现有的物体进行改造，赋予其智能属性，为生活提供便利。

四年级课程

课程目标：

通过 WeDo2.0，认识机器人的主要构成，知道常见的硬件及其功能；通过观察与分析自然界中的生物智能，自主搭建机器人，增强动手实践能力。在搭建机器人，为机器人编写程序，调试、运行机器人的过程中，学会机器人的原理、运行机制、程序设计等基础知识，赋予机器智能化，提升自主探究学习能力和创新意识水平；通过交流分享，在同伴的帮助下解决存在的问题，增强合作学习的能力。

课程内容：

人工智能通识——认识机器人智能来源于人的智能，主要包括语言智能、数理逻辑智能、音乐智能、空间智能、身体运动智能、人际交往智能、自我认识智能、认识自然的智能；了解认识人工智能的范畴。

物联网——认识物联网是通过各种信息传感器，实时采集声、光、热、电、力学、化学、生物、位置等各种需要的信息，实现了物与物、物与人的泛在连接，实现对物品和过程的智能化感知、识别和管理。

人工智能应用——仿真搭建：风扇、青蛙、蜜蜂等。机械原理：马达动力、摩擦力、齿轮传动，结构稳定性。传感侦测：位移／倾斜传感器（检查方向），距离／光线传感器（检查距离、颜色）。

人工智能设计——无人驾驶车：查阅相关资料，借助各类传感器和图形化编程，实现自主、遥控、巡线、避障等智能功能。智能道闸：观察生活中的智能道闸，进行智能模拟设计，学会制订研究规划，记录研究过程，归纳总结程序设计的一般方法。垃圾分类：与生活紧密联系，考察社区中垃圾分类的问题，尝试用机器人器材制作智能垃圾分类装置。

五年级课程

课程目标：

熟悉智能应用的基本过程，探究影响人工智能应用的因素；掌握图形化编程语言，掌握顺序结构、选择结构和循环结构三大结构；利用开源人工智能应用扩展框架，搭建简单的人工智能应用模块，并能根据实际需要，配置适当的条件，在此过程中，增强发现问题、分析问题和解决问题的能力，体验设计与实现简单智能系统的基本过程与方法，同时提升利用智能技术服务于人类发展的责任感。

课程内容：

人工智能通识——大数据：描述数据与信息的特征。通过典型的应用实例，了解数据采集、分析和可视化表达的基本方法。

人工智能安全——人工智能伦理风险，合理地使用人工智能技术。

人工智能应用——借助有趣的游戏案例（如排序、猜数、密码保护等）了解并体验基本算法，能够综合运用所学的程序设计知识进行案例作品的设计制作，初步建立算法意识，并且能够主动运用算法思想解决生活问题，为未来深入学习奠定基础。

六年级课程

课程目标：

认识数据在信息社会中的重要价值，学会合理处理与应用数据，并根据需要运用数字化工具解决生活与学习中的问题；通过分析具体案例，了解人工智能的常见算法；从生活实例出发，了解算法的概念与特征，借助有趣的游戏案例体验基本算法，能够综合运用所学程序设计知识进行案例作品的设计制作；初步建立算法意识，并能够主动运用算法思想解决生活问题；通过智能系统的应用体验，了解社会智能化所面临的伦理及安全问题，知道维护信息系统安全的基本方法和措施，提升安全防保意识和责任感；辩证认识人工智能对人类社会未来发展的巨大价值和潜在威胁，具有一定的维护和遵守人工智能社会化应用的规范与法规的意识。

课程内容：

人工智能通识—— 知道人工智能的定义有很多，综合分析人工智能所具有的特性，为后面深入学习具体的人工智能技术做铺垫。

人工智能安全——人工智能伦理风险，合理地使用人工智能技术。

人工智能应用——图像识别原理：掌握图像识别的一般过程，理解图像编码的过程，借助开源模块实现图像识别的应用，探究影响图像识别的因素。语音合成原理：掌握语音合成的一般过程，借助开源模块实现语音合成的应用，例如利用文字朗读制作绘本故事等。语音识别原理：掌握语音识别的一般过程，借助开源模块实现语音识别的应用，初步尝试制作智能音箱。

人工智能设计——借助相关硬件设备和 APP，了解并体验智能助手、增强现实技术，结合生活需要，提出改进建议，制作建议报告书。

结合人工智能通识知识，北大附小人工智能课程体系以人工智能素养为导向推陈出新，采用项目学习的方式，让学生在玩中学、做中学、创中学，学习人工智能，做人工智能的"主人"。

三年级在体验人工智能基础上，突出初步使用人工智能工具进行创意设计，感受人工智能的便捷性。

四年级在数据分析的基础上，突出数据赋能机器人校本课程全新升级，直观感受数据的价值，做到学以致用。

五年级在使用人工智能技术展开简单的创作的基础

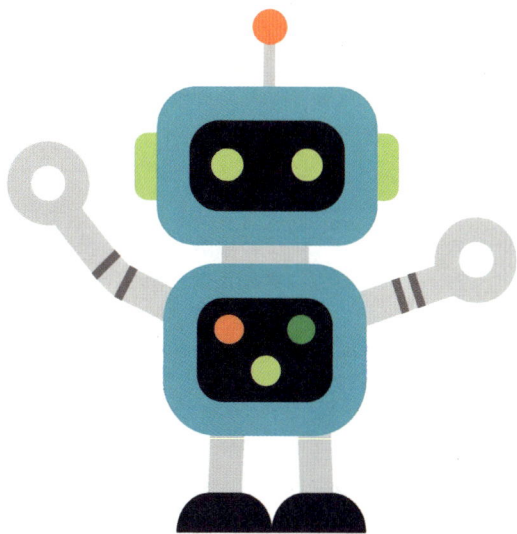

上，突出初步理解人工智能的逻辑，认识到人工智能的安全性问题，做到合理使用。

　　六年级在制作人工智能实物作品的基础上，突出创造性地解决真实的生活问题，树立正确的人工智能价值观，做到创新应用。

年级	课程内容	课程特色
三年级	■ 人工智能的概念 ■ 人工智能的发展历史 ■ 人工智能发展的社会意义	人脸识别 智能音箱 智能对弈 创意人工智能模型
四年级	■ 人工智能通识（语言智能、音乐智能、身体运动智能等） ■ 物联网（各种信息传感器，实现对物品和过程的智能化感知、识别和管理）	仿真搭建 机械原理 无人驾驶车 智能道闸 垃圾分类
五年级	■ 人工智能通识——大数据 ■ 人工智能安全——人工智能伦理风险	人工智能算法应用 排序、猜数、密码保护等
六年级	■ 人工智能通识——综合地考虑人工智能所具有的特性 ■ 人工智能安全——合理地使用人工智能技术	图像识别原理 语音识别原理 智能助手 增强现实

第四章

北大附小 人工智能课程 教学项目实践

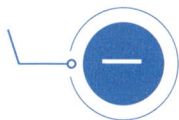

一 基于项目的课程单元规划设计

无论是基础类、拓展类还是研究类课程，信息科技课程群的整体目标和人工智能课程目标指向都贯穿指导始终：从学科核心素养的培养、学生全面发展的角度出发，以现实问题的研究和解决为载体，基于学生需要，以课程为依托，围绕单元进行统整架构，开展基于项目的学习活动，让学生获得成长和发展。

同时结合不同年级学生的特点差异，课程侧重有所不同：

小学低年级（一、二年级）主要侧重培养创新思维意识，不断激发学生的好奇心、想象力和求知欲；引导学生选择利用数字资源和数字设备开展学习，在此过程中，重点关注其好奇心、想象力、学习兴趣及行为习惯的培养。

小学中年级（三、四年级）主要侧重培养学生的创新思维方法，让学生逐步掌握良好的规划管理和解决问题的方法；引导学生主动运用在线工具展开合作学习，在进行问题解决和观点创新表达过程中，重点关注自我管理规划能力和证据意识的培养。

小学高年级（五、六年级）主要侧重培养学生的创新思维能力，帮助学生具备创新实践能力，使学生具有系统整体意识和初步批判性思维；引导学生在合理选择工具、创造性地解决问题、形成价值成果的过程中，重点关注系统意识、批判反思以及评价优化的意识和方法的培养。

基础类、拓展类和研究类课程的项目单元示例如下表。

基础类课程——四年级项目单元

单元项目	课题	实践性任务	主要知识点	能力发展	学科素养
运动健康我知道	■第1课 个人运动做调查——数据采集记录	规划运动数据方案，收集个人运动的调查数据	知道数据的来源、数量、形式等因素的重要性；会使用数字化工具平台采集运动健康相关数据	具备一定的对社会数字生活的适应力	信息意识 数字化学习与创新 计算思维
	■第2课 运动状况恰呈现——数据组织可视化	根据所需提取关键数据并可视化地呈现出来	会使用数字化工具和设备进行数据的组织管理；能根据需求选择恰当的可视化方式呈现数据	提升数字化学习与创新的水平	
	■第3课 运动效果来挖掘——数据分析解释	通过对运动健康相关问题的探究，进一步发现、分析和解释数据	能将问题进行分步解决；认识数据的价值作用	增强应用数据解决问题的主动性，提升数字社会胜任力	
	■第4课 运动健康要知道——结论观点表达	借助数据来支持自己的结论和观点并展开分享	能利用数据解决问题、表达自己的观点	提升数字社会胜任力	
探秘编码世界	■第1课 生活处处皆编码	观察和分析生活中的案例，寻找生活中的编码	感受身边无所不在的数据，认识生活中常见的编码	建立数据和编码之间的内在联系	信息意识 计算思维 数字化学习与创新 信息社会责任
	■第2课 我来设计定编码	设计校园学生缴费系统编码	自行设计编码规则，体会编码规则的唯一性和有序性	体验设计编码的一般过程和方法	
	■第3课 多种多样其他码	借助"草料二维码"平台制作二维码	拓展对编码的认识，知道条形码、二维码的应用场景和原理	运用数字化平台辅助学习	
	■第4课 编码管理有价值	从编码管理角度分析生活中编码案例的作用与价值	理解编码是保持社会组织与秩序的科学基础	编码便于计算机对数据进行存储、处理和管理	

（续表）

单元项目	课题	实践性任务	主要知识点	能力发展	学科素养
信息安全知多少	■第1课 信息传输中的安全	明文密文的信息传递游戏；通过硬件掌控板体验信息的发送和接收过程	知道恺撒加密的一般原理；体验加密解密的过程和方法；理解加密在信息传输过程中的作用	理解加密的作用，树立信息安全和责任意识	信息意识 计算思维 信息社会责任意识
	■第2课 信息存储中的安全	借助灯泡亮灭表示数据，体会二进制存储的重要意义	体会二进制的优势和运用于计算机存储的原因	计算机使用二进制进行数据存储的意义	
	■第3课 信息传播中的安全	信息传播安全的现状及重要治理方法	知道信息传播中存在一定的安全风险；了解治理信息传播风险的常用防范措施	知道信息传播中的安全风险，树立信息安全的意识	
	■第4课 信息系统中的安全	通过案例分析并总结系统安全的保障措施	系统安全的威胁因素、保障措施以及挑战和前景	知道信息系统中的安全风险，建立信息安全和责任意识	

拓展类课程——年级综合实践活动

	专题讲座	主题影展	科技体验	素养指向
学校AI大讲堂	AI 时代 智能机器人 科技改变生活 巅峰科技从我做起 科技王国的趣事 疯狂科技 我眼里的科技王国	《探寻人工智能1》 《探寻人工智能2》 《互联网时代》 《创新中国》	科技场馆参观 学校科技节	科学素养 人文素养
年级综合实践活动				

（续表）

	专题讲座	主题影展	科技体验	素养指向
学校AI大讲堂 年级综合实践活动	有趣的信息学 未来已来——人工智能 创新作品赏析 思考与创新 生活中的科技 科技与学习	《纵横中国》 《你好AI》 《机器人总动员》 《超能陆战队》	社团体验活动	信息意识 社会责任

研究类课程——机器人必修项目单元

挑战性任务	课题	实践性任务	主要知识点	能力发展	素养指向
利用乐高®教育WeDo2.0器材制作一辆小车，通过结构和程序控制，解决生活中的问题	■ 我们的小车——结构组建	观察生活中的小车，规划小车结构，建立初步模型	利用乐高零件搭建模型	善于观察生活，围绕主题规划设计	信息意识 计算思维 人文素养
	■ 小车停下来——棘轮结构	制作能够停止的小车，为小车添加棘轮结构	利用齿轮和其他乐高零件搭建棘轮结构	基于需求选取恰当的技术解决问题	
	■ 小车机器人——马达编程图标的使用	给小车编写程序，让小车前后移动或停止，实现自动控制	使用马达转动、停止、等待图标设置小车运动，知道顺序结构	体验算法，用流程图构建编程解决问题	
	■ 生活中的智能道闸	结合生活中的情景，加入传感器，编写程序，模拟智能道闸	使用运动传感器控制马达转动，编写分支、循环结构的程序	结合生活，合理选择技术解决问题，服务于生活	

挑战性任务	课题	实践性任务	主要知识点	能力发展	素养指向
利用乐高®教育 WeDo2.0 器材模拟搭建一个交通路口，通过结构和程序控制，解决生活中的交通问题	■ 观察身边的交通	观察身边的交通路口，发现问题	提炼路口需要解决的问题	围绕发现的问题，反思解决的方法	信息意识 计算思维 数字化学习与创新 信息社会责任 人文素养
	■ 模拟身边的交通	规划交通路口结构，建立初步模型	利用乐高零件搭建模型	围绕主题规划设计，对简单问题抽象、分解、建模	
	■ 解决身边的交通问题	制作交通路口，编写程序，通过传感器实现自动控制	使用等待、显示、声音、图标设置模型智能运动，理解选择结构	梳理思路，构建编程解决问题	
	■ 分享方案发现	交流发现的问题以及解决问题的方案	交流用乐高结构解决发现的问题	分享解决问题的不同方法，体会不同方法解决问题的效率	
利用乐高®教育 WeDo2.0 器材模拟搭建一个智能风扇，通过结构和程序控制，解决日常生活中的问题	■ 我的小风扇——结构搭建	观察生活中的风扇，规划结构，建立初步模型	利用乐高零件搭建模型	善于观察生活，围绕主题规划设计	信息意识 计算思维 信息社会责任 人文素养
	■ 加速的小风扇——齿轮的传动	制作加速小风扇，为小风扇添加齿轮结构	利用齿轮传动搭建加速结构	基于需求，选取学习资源，开展创新活动	
	■ 自动小风扇——程序控制	编写程序，让小风扇顺时针、逆时针转动和停止，实现自动控制	使用马达转动、停止、等待图标设置小风扇运动	体验算法，用流程图构建程序解决问题	
	■ 智能小风扇——传感器的使用	编写程序，让小风扇顺时针、逆时针转动和停止，实现自动控制	使用运动传感器控制马达转动，编写分支、循环结构的程序	结合生活，合理选择技术解决问题，服务于生活	

（续表）

挑战性任务	课题	实践性任务	主要知识点	能力发展	素养指向
利用掌控板器材模拟搭建一个智能扫地机器人，通过结构和程序控制，解决生活中的问题	■ 智能扫地机器人的体验与规划	通过体验和拆解扫地机器人，实现智能扫地机器人系统的整体规划	将系统划分为几个小系统，识别输入、计算、输出环节，找到其中存在的反馈	围绕发现的问题，反思解决的方法	信息意识 计算思维 数字化学习与创新 信息社会责任 人文素养
	■ 智能扫地机器人的实现与调整	利用流程图表示智能清洁的算法，并编程实现	使用距离、灰尘等传感器测定读取环境参数，了解反馈是过程与控制中的重要手段	实现算法，用流程图构建编程解决问题	
	■ 智能扫地机器人的改进与优化	利用流程图表示路线规划的算法，并编程实现	使用列表与算法的知识，实现路线调整	改进算法，用流程图构建编程解决问题	
	■ 智能扫地机器人的分享与思考	基于需求设计新智能扫地机器人系统，分享智能扫地机器人开源设计	使用思维导图讨论反馈对系统优化的作用	有意识地进行探索，创新解决问题的方案	
利用图形化编程工具模拟搭建一个"石头剪刀布"游戏场景，通过程序控制，解决生活中的问题	■ "石头剪刀布"游戏的规划——体验博弈算法	体会游戏规则，用自然语言与流程图描述游戏的过程	感受博弈游戏中的算法，清晰描述算法过程	围绕身边的需求，反思解决的方法	信息意识 计算思维 数字化学习与创新 信息社会责任 人文素养
	■ "石头剪刀布"游戏的策略——描述博弈算法	用流程图表示多种出拳策略	将复杂问题拆解为小问题的方法	体验算法，用流程图构建解决问题的方案	
	■ "石头剪刀布"游戏的制作——执行博弈算法	制作石头剪刀布游戏	将自然语言或流程图转化为程序，在顺序、选择和循环结构基础上理解循环的条件设置	实现算法，用流程图构建编程解决问题	
	■ "石头剪刀布"游戏的分享——优化博弈算法	尝试实现三局两胜或五局三胜	体会算法设计的一般过程	改进算法，用流程图构建编程解决问题	

研究类课程——人工智能创新项目单元（三、四年级）

挑战性任务	课题	实践性任务	主要知识点	能力发展	信息素养
智能创作——绘制我的智能小屋	■第1课 智能大比拼	比一比：智能对弈、对对联等	人工智能的起源及智能特征	体会人工智能的优势与不足	信息意识 计算思维 数字化学习与创新 信息社会责任
	■第2课 智能门锁	绘制智能门锁，明确智能体现	初步感知图像识别基础，了解图像采集过程	学会使用智能门锁	
	■第3课 智能音箱	绘制智能音箱，明确智能体现	初步感知语音识别，了解语音采集过程	学会使用智能音箱	
	■第4课 创意设计	绘制我的智能小屋	—	结合图像和语音，规划设计智能家居应用	
智能汽车	■第1课 无人驾驶	规划无人驾驶车，撰写相关模板	模型搭建；项目记录	围绕主题进行规划	信息意识 计算思维 数字化学习与创新 信息社会责任
	■第2课 自动驾驶	具有开关功能的自动车辆	等待和倾斜传感器的使用	体验程序设计	
	■第3课 自动泊车	在固定环境中倒车入库	使用传感器启动固定轨迹	感知循环结构	
	■第4课 自动避障	在前进中自动躲避障碍物	使用传感器躲避障碍物	感知分支结构	
介绍身边的人工智能应用	■第1课 人工智能发展史	谈论分析推动人工智能的影响因素	认识推动发展的重要力量	树立正确的科技观	信息意识 计算思维 数字化学习与创新 信息社会责任
	■第2课 身边的人工智能	明确主题，建立相应框架	AI+教育、医疗、零售、工业、农业、服务等	围绕主题进行规划、选材	
	■第3课 数据分析	绘制主题词云图	利用大数据进行词频分析	学会使用词频分析工具	
	■第4课 制作项目汇报	制作自己选择的智能应用的报告	演示文稿制作的过程	分析数据中潜藏的有价值的信息	

研究类课程——人工智能创新项目单元（五、六年级）

挑战性任务	课题	实践性任务	主要知识点	能力发展	信息素养
智能闸机	■第1课 人工智能安全规划	合理选择人工智能技术，进行智能闸机功能规划	人工智能社会化应用的规范与法规	围绕主题进行规划、选材	信息意识 计算思维 数字化学习与创新 信息社会责任
	■第2课 人脸识别	完成智能闸机的人脸识别	人脸识别的原理和过程	掌握图像识别的一般过程	
	■第3课 车牌识别	完成智能闸机的车牌识别	车牌识别的原理和过程	掌握文字识别的一般过程	
	■第4课 优化提升	探究影响识别效果的因素	遮挡、远近等因素对识别效果的影响	提高发现问题，解决问题的能力	
制作校园景观语音助手	■第1课 美丽校园	制订模板，编写解说词	解说词的设计	总结归纳语言	信息意识 计算思维 数字化学习与创新 信息社会责任
	■第2课 校园播报	机器播放校园广播的文本	语音合成技术，文字转化为语音	掌握语音合成技术的一般过程	
	■第3课 对答如流	能针对询问的内容做出回应	语音识别技术，语音的构成要素	掌握语音识别技术的一般过程	
	■第4课 个性化讲解	自由探索，面对外国友人，可以自动播放英文	语音翻译技术	自主探究能力	
算法我了解	■第1课 排序算法	借助排序游戏，了解排序算法	综合应用程序设计知识，设计制作排序小游戏	渗透算法思想，了解算法应用	信息意识 计算思维 数字化学习与创新 信息社会责任
	■第2课 查找算法	借助猜数游戏，了解顺序和二分算法	综合应用程序设计知识，设计制作猜数小游戏	渗透算法思想，了解算法应用	
	■第3课 加密算法	借助安全保护案例，了解安全加密算法	综合应用程序设计知识，设计制作密码保护小游戏	渗透算法思想，了解算法应用	
	■第4课 生活应用	结合生活实例，按照需求，提出灵活解决方案	进一步体验算法的优越性和局限	渗透算法思想，了解算法应用	

二 基于项目的课程单元实施策略

信息科技课程群包括人工智能课程，围绕单元统整架构，基于项目活动展开教学实践。

项目学习以学生为主体，以学习研究某种或多种学科的概念原理为中心，以项目实现为目标，借助多种资源开展活动。在一定时间内解决一系列关联问题的学习方式，让学生不仅学习知识，应用能力，更有机会成为某一项目的领导者，在团队中去完整体验项目的流程，有助于体现教育教学需要的学科融合以及最基本的解决问题的诉求，让学生自由地发展其创新能力，去发现问题，并且模拟社会生活中的团队协作，实现项目。

项目学习强调学科的综合，强调学习者之间的合作，主张让学生在真实情境中主动学习和主动探索，综合培养学生搜集、处理信息的能力，发现问题并解决问题的能力，创新能力以及交流与合作的能力。

学生团队在基于项目的学习活动中，能够主动应用项目学习的一般流程，并做出适当调整；能够主动思考"需求和核心问题是什么"；能够主动运用多学科知识，拓宽思维、自由创新。项目学习有力促进了学生学习方式的改变，"顺其性、驰其想"，让学生成为心智自由的学习者。

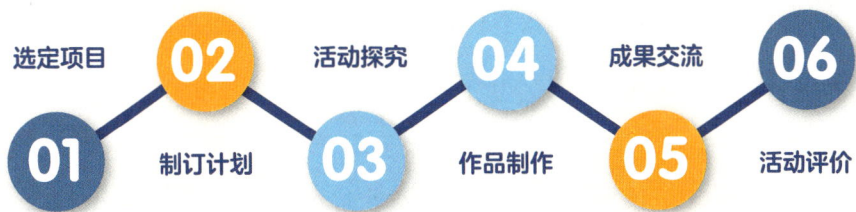

项目学习的一般流程

1. 项目选取思考

挑战性的项目。 挑战性任务都根植于一个真实问题。以真实问题为核心，基于学生起点和需要，将学生学习内容的概念、应用与新问题、新思考以及先前的知识联系起来，促进主动的、有意义的知识建构。

整合性的内容。 项目学习注重多学科知识融合，也注重适合各阶段学生认知水平的知识和技能的纵向整合，以促使学生素养连贯发展。比如同一个主题，在不同阶段的学习进程中，不断拓展和深入，对学科核心概念的理解和目标设计是不相同的。

这种纵向整合实质上是对核心概念理解的逐级深入和持续发展，可以系统地帮助学生学习核心概念的内涵，最终为学生比较全面、系统而深入地理解核心概念，进而学习运用跨学科知识打下扎实的基础。

....

开放性的方式。项目学习以学生为中心，引导学生自主探究、协作学习，在过程中习得、发现、思考、创新，同时可以打破空间时间界限——结合教室内外、线上线下等多种方式开展。

2. 驱动问题生成

基于项目开展的学习离不开驱动性问题的指引，只有有效的驱动性问题指引，才能开展自主的项目探究。驱动性问题的设计应该是教学实践中的核心环节，是教学过程中的重点、难点。驱动性问题将学生引入项目情境，用问题来驱动学生持续不断地思考、探究，从而推动教学实践活动的持续、顺利、高效进行，达成课程目标的要求。

项目学习中的驱动性问题是系列的、是可持续的，具有连续性。一个项目中的驱动性问题围绕课程目标，在课程内容的深入展开过程中层层递进，不断深入，并且紧密联系。

而在教学实践中，我们通常会以逐级深入的问题链来引导学生循序渐进，深入认知，发现问题，同时在项目学习中引入思维导图，不仅能够更好地帮助学生进行新旧知识间的建构，还能够清晰呈现学生思维层层深入的过程，促进其在自主学习和合作学习中对知识进行分析、检验、批判和建构，并生成新的驱动性问题，进而引导其进行更深入的学习。

3. 学科融合跨界

对于复杂的现实世界问题，运用单一学科知识是难以解决的，需要学生融合运用多个学科的知识，这就要求驱动性问题的设计要蕴含多学科知识。

在项目学习中选择跨学科核心知识，要注重各学科知识间的关联性和可探究性，驱动性问题的提出不仅要映射多学科的核心概念，体现知识的复杂性，也要凸显实践活动的复杂性，从而引导学生综合运用各学科知识解决问题，灵活进行多种实践活动，引发跨界学习行为，实现由低阶思维向高阶思维的转化。

4. 评价先行导向

在项目学习活动开始前，需要制订相关评价标准，并用评价标准指导和监督学生个体和团队的学习，发挥评价先行的导向作用。

项目学习中的成果评价，可以更多地结合课程目标和课程内容，引导学生制订或遵循一定的标准来进行评价；项目的活动评价是项目学习中的关键环节，可以从成果制作、交流分享、团队合作、活动管理4个维度进行全面评价。同时项目学习活动中要引导学生重视过程性评价，重点关注团队合作、成果分享推广过程，形成良好的项目管理意识。

5. 资源支架助力

在项目学习中，需要有效利用策略资源支架支持开放性项目学习，从而促使学生深度学习。

项目资源支架可以多样化，例如情境创设、项目指南、技术手册、素材资源、平台工具、问题链、思维导图、评价用表等。这些支架能够引导和促进学生团队在项目活动中进行合作交流、发现与思考，帮助学生进行团队和项目管理，从而顺利解决问题、完成项目、达成目标。

同时，资源支架还能促进学生主动的意义建构、渐进的能力提升、深入的思维发展，真正实现"有意义学习"和"社会化成长"。

三 基于项目的课程单元教学案例

案例一：智能校园

项目主题：

基于学科核心素养培养目标，结合程序设计单元教学内容，从学生的需要出发，将单元知识内容融入"智能校园我做主"的项目活动中（5课时）。

项目设计：

在单元项目活动之初，请学生围绕"智能校园我做主"主题，为学校即将开始的智能化建设提出建议。

学生用思维导图呈现的校园智能化建议，在面对智能化特别是人工智能社会热点时，有一定的认识误区，并且关注点大多集中在校园门禁的智能化改造方面。

因此，基于学生的实际认知情况，结合校园智能化改造的真实问题，跟随大多数学生的视角，课堂将研究问题聚焦于校园门禁智能化问题，把教材单元的内容融入校园门禁智能化的多个真实问题中，引领和帮助学生于发现问题、解决问题中，了解相关智能门禁的工作过程原理，并在实物模型验证、平台资源提供、项目文档记录和小组合作等支持下，在习得编程代码知识和学会程序设计一般方法以及更多地了解人工智能知识的同时，对之前提出的校园门禁智能化建议不断反思并且进行调整修改，然后再借鉴此学习经验，反思其他校园智能化建议是否合理，从而使得提出的学校智能化校园建设的建议更为合理、现实和可靠。

在单元项目活动的尾声，各学生小组将本组提出的合理化智能建议制作成建议书，在班内分享交流并提交学校参考，最后各学生小组完成活动评价，总结和反思项目活动中的问题，以推动日后的学习活动。

项目目标：

通过编写程序代码，学会使用图形化编程软件的基础代码模块和 WeDo2.0 扩展代码模块；认识程序的顺序、循环、分支 3 种结构。

在发现问题和解决问题的过程中，学会程序设计的一般方法，提升计算思维水平；在项目学习活动中进行探究与合作，了解并体验项目学习活动的一般流程。

提升主动利用技术进行信息收集、记录、呈现、交流的信息意识；了解相关人工智能热点，为智能校园提出合理化建议，提升信息责任意识。

> 重点：图形化编程软件基础代码模块和 WeDo2.0 扩展代码模块；
> 程序的顺序、循环、分支 3 种结构；
> 程序设计的一般过程方法。
> 难点：程序设计的一般过程方法。

项目规划：

项目共计 5 课时，有两条主线：一是图形化编程软件单元知识内容主线，二是"智能校园我做主"项目活动主线，如下表所示。

案例一 项目规划

知识内容

项目活动

第一课时 顺序结构
模拟搭建校园停车场入口道闸和小车；当绿旗被点击、等待时间、WeDo2.0 扩展马达代码模块

⟷

汇总各小组关于智能停车场的建议，形成小组建议并陈述；聚焦校园智能停车场研究问题，模拟入口简单开关过程，进入探究学习编写顺序结构程序代码，利用模型进行验证和修改；利用项目文档记录学习活动中的程序修改和发现思考

第二课时 循环结构
循环代码模块、WeDo2.0扩展传感器代码模块；循环相关概念；程序设计的一般方法

由校园停车场入口真实工作过程引发探究兴趣，观察简述和用示意图梳理工作过程，探究学习编写循环结构程序代码，利用模型进行验证和修改，明确循环的相关概念；归纳总结程序设计的一般方法；了解并体验车牌智能识别，提出智能停车场的改进建议；利用项目文档记录学习活动中的程序修改和发现思考

第三课时 分支结构和变量
如果……那么、如果……那么……否则、变量模块；程序设计的一般方法

由智能停车场改进建议引发探究兴趣，分析简述和用示意图梳理停车场车辆统计、停车缴费的工作过程，探究学习变量模块和编写分支结构程序代码，利用模型进行验证和修改，利用项目文档记录学习活动中的程序修改和发现思考；进行项目活动中期汇报，总结并修正前期项目活动，提出后续活动建议

第四课时 广播模块和计时器
广播接收消息、计时器代码模块；程序设计的一般方法

由智能停车场广播消息提示、语音识别等建议引发探究兴趣，分析简述和用示意图梳理其工作过程，探究学习广播接收消息、变量代码模块，利用模型进行验证修改；了解并体验语音识别；使用项目文档记录学习活动中的程序修改和发现思考

第五课时 交流评价
交流项目文档，反思智能化建议，锻炼表达交流能力和评价能力，提升责任意识、项目意识

利用项目文档，各小组进行项目展示交流，总结项目活动，进行活动评价（小组自评和互评）与活动反思；各小组提出新的校园智能化改进建议，为后续探究活动打下基础

案例二：智能机器人

项目主题：

基于学科核心素养培养目标，围绕人工智能和机器人技术相关知识等内容，开展主题为"身边的智能生活"的项目活动。

项目设计：

从学生的日常生活出发，引导学生发现、观察和体验人工智能和机器人技术的应用；于相关的应用体验中进行探索，习得人工智能和机器人的相关知识与应用，讨论和交流人工智能与机器人技术给人类社会带来的变化以及潜在问题，明确人工智能的社会责任。

项目目标：

通过编写程序代码，学会使用 Kittenblock 的基础代码模块和视频检测、百度 AI、FaceAI 等扩展代码模块；认识程序的顺序、循环和分支 3 种结构。

在发现问题和解决问题的过程中，学会程序设计的一般方法，了解并体验项目学习活动的一般流程。

提升主动利用技术进行信息收集、记录、呈现、交流的信息意识，提升计算思维水平；探索和学习相关人工智能知识与应用，明确人工智能的社会责任。

重点：Kittenblock 的基础代码模块和视频检测、百度 AI、FaceAI 等扩展代码模块；
程序的顺序、循环、分支 3 种结构；
人工智能技术工作的基本过程。

难点：综合应用程序分析模拟真实世界的客观场景；
人工智能技术工作的基本过程。

项目规划：

项目共计 9 课时，如下表所示。

案例二 项目规划

课时	人工智能技术	实现方法	基础知识
第一课时	初识人工智能	材料阅读	顺序结构
第二课时	慧眼识图	视觉侦测、百度 AI	人工智能核心过程
第三课时	语音识别	百度 AI	分支结构
第四课时	知识问答	百度 AI	循环，智能问答系统

（续表）

课时	人工智能技术	实现方法	基础知识
第五、六课时	机器学习	Machine Learning	变量，模型训练
第七、八课时	机器人技术	WeDo2.0	过程原理模拟
第九课时	人工智能创新安全应用和社会伦理问题		

案例三：社团中虚拟仿真人工智能机器人应用

Whales-3D One AI 是一款虚拟机器人仿真软件。支持通过各种虚拟零件自主拼搭机器人。基于图形化的积木帮助学生进行程序编程，支持常见的数字、变量、分支、循环等模块和机器学习、图像识别、传感器等 AI 扩展模块，还有电子器件模块，控制机器人的舵机和马达等。

在完成程序编程后，可以进行模拟仿真。学生控制搭建好的机器人在一个实时反映实体对象变化与相互作用的三维仿真虚拟世界运动。用户可直接参与并探索仿真对象在所处环境中的作用与变化，产生沉浸感。

案例三　虚拟仿真应用平台

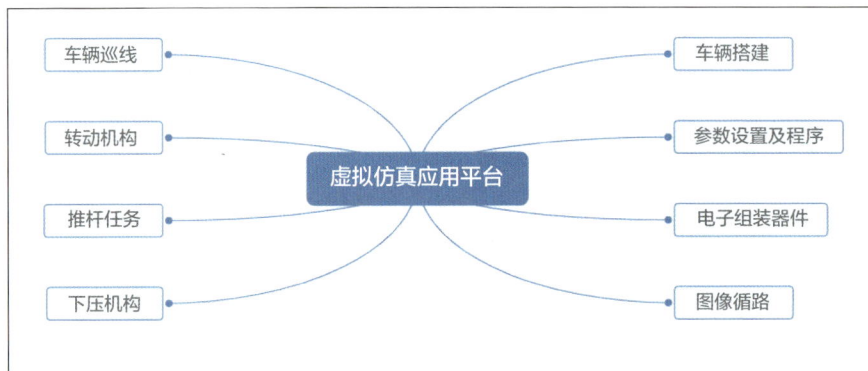

车辆巡线　　　　　　　　　　　　　　　车辆搭建

转动机构　　　　　　　　　　　　　　　参数设置及程序

　　　　　　　虚拟仿真应用平台

推杆任务　　　　　　　　　　　　　　　电子组装器件

下压机构　　　　　　　　　　　　　　　图像循路

第五章 北大附小信息科技课程群课程资源

一 多种课程用书资源

教材依然是现阶段课程实施的重要资源，是教学内容的重要载体，是教师"教"，也是学生"学"的重要依据。

在信息科技课程群建设过程中，学校在正确理解教材在教学中的地位和作用的基础上，根据实际需要，在国家基础课程教材之外，结合学校实际情况，研发并正式出版了相关课程读物。

1. 基础课程教材

义务教育信息科技课程是信息科技课程群的基础课程，旨在落实学生知识技能、过程与方法、情感态度与价值观的培养目标，使学生在数据的获取、加工、处理、表达与交流过程中，掌握信息科技知识，具备信息意识，提升计算思维水平，增强数字化学习与创新能力，具有信息社会的责任意识。

2. 特色机器人用书

通过多年的实践，我校因地制宜，在不断摸索、完善和创新的过程中，自主研究开发了机器人校本教材《机器人探索》，由北京大学出版社出版。在多年的发展和实践基础上，基于项目学习的理念，再次改编及丰富原有机器人校本教材，将其升级改版为《机器人探索（第二版）》，亦由北京大学出版社出版。

学校依托特色机器人教材，以兴趣为根基，以课题为助力，以探究为方法，以合作为保障，在三、四、五、六年级均开设了

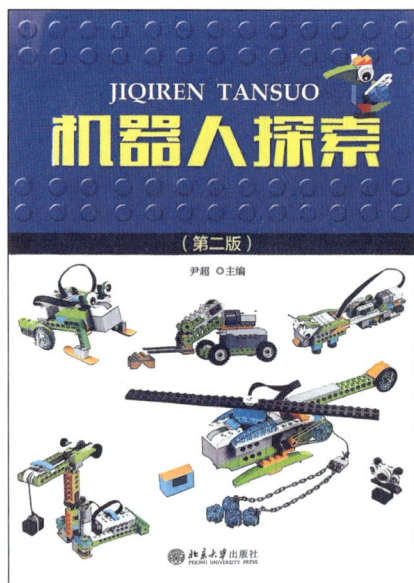

特色课程用书

机器人必修课和选修课，以激发更多孩子学习的兴趣，为更多的孩子找到发展的方向与指引，为北大附小学生以及全国同龄孩子开展机器人教育活动提供了有益的参考，为学生知识技能、方法意识以及信息素养的整体提升奠定了良好的基础。

3. 特色单片机用书

由北京大学出版社出版的《神奇的单片机》亦是北大附小自主研发的校本教材之一。在信息科技课程群教学实践中，基于项目，依托单片机，从生活经验出发，引导学生控制彩灯闪动、亮灭、颜色，奏出美妙音乐，模拟制作计算器、小闹钟、抢答器、音乐键盘、密码锁、电风扇等，让学生在熟悉的情境中知道什么是智能控制，认识到智能控制可以广泛应用于生活中的各个领域，为学生提供良好的实践机会。

特色单片机用书

二 丰富学习支架资源

　　学习支架是学习过程中完成任务必不可少的助力，可以降低学生的认知负荷，以保证学生学习的有效性，维持学生学习的兴趣和动机，使其不会因困难而减弱。

　　学习支架可以自定步调地反复观看。在信息科技课程群中，学习活动中的支架资源主要指向技术支持下（特别是人工智能技术赋能）的资源集合，包括数字化学习资源和非数字化学习资源。

1. 多元化媒体资源

　　从多媒体资源类型的角度，素材可以主要分为以下 3 种形式：文字资源——常用于概念性、原理性和定义性内容的支架；

文字资源 >>>

🐱 猜数游戏.sb3

🐱 成语闯关.sb3

🐱 积少成多练口算.sb3

🐱 九章算术算方田.sb3

🐱 口算练习.sb3

🐱 石头剪刀布游戏.sb3

🐱 体质健康.sb3

🐱 投票统计.sb3

猜 数 游 戏

——猜数范围是 1—20

问题 1：在猜数游戏中，我要猜的数存在哪里呢？

1. 创建"猜数"变量

2. 设置"猜数"的值：将"猜数"设置为 10

将 猜数 ▾ 设为 10

问题 2：在猜数游戏中，如何输入我的回答，回答又存在哪里呢？

1. 询问"范围是 1-20，猜猜是多少"，并等待

询问 范围是 1-20，猜猜是多少 并等待

2. 输入的结果会在回答中

回答

图片资源——可以形象、生动并直观地呈现和表达信息；视频资源——是对现实世界的真实记录，容易为学生打造身临其境的氛围以激发其学习兴趣。示例如下图所示。

图片资源 >>>

视频资源 >>>

多元化媒体资源示例

2. 实时互动和反馈资源

实时互动和反馈资源能够打破传统教学的单向传递模式，使学生更加积极地参与到学习过程中。实时互动资源主要指的是课堂中借助实时互动平台如Classin、极域课堂管理平台、课堂派等，支持实时语音、消息同步、信息交互，聚焦解决课堂实践中涉及的重难点。实时反馈资源重点指向学生课堂生成，及时获得学生的学习情况，从而调整教学策略。

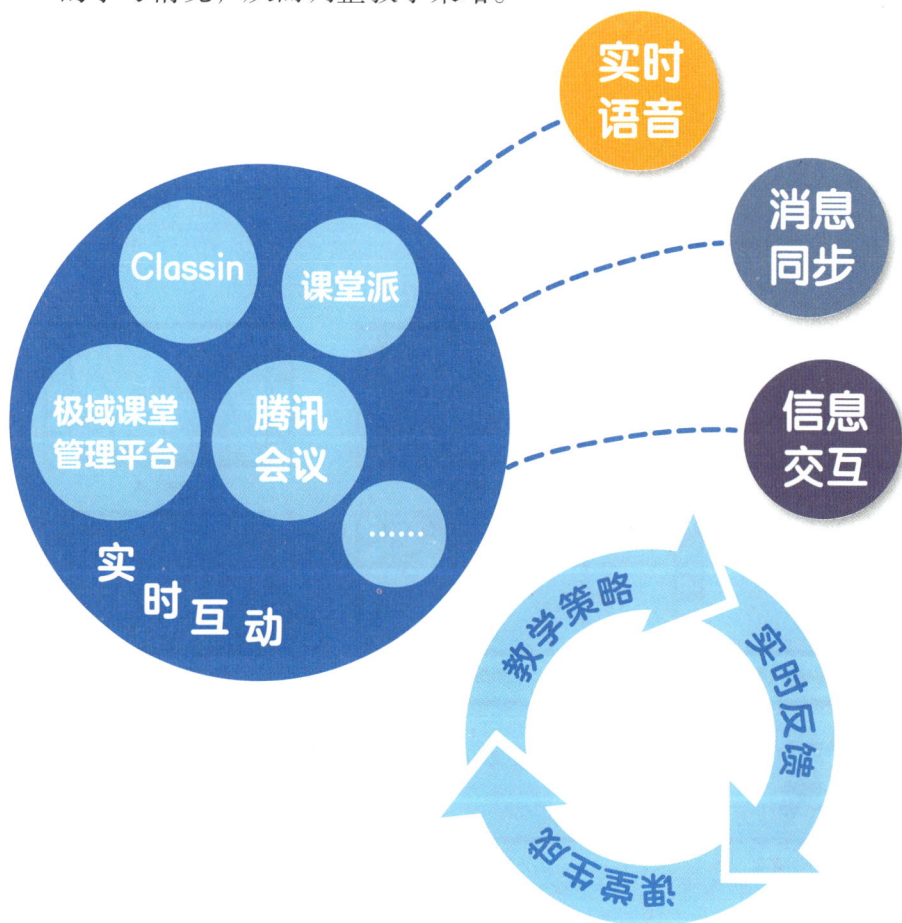

3. 优质共享资源

优质共享资源包括在线课程、电子图书、教学视频等。共享资源平台能够降低学生的学习门槛，成为学生的策略支架；可以助力教师深入理解技术，部分内容可直接用作教学资源；可以作为交流共享平台，为学生提供个性化指导与评价，促进师生互动。

电子图书

在线课程

教学视频

优质共享资源

4.项目学习指南

项目学习指南主要包括项目学习导学单和微课资源两部分。

项目学习导学单是引导学生进行项目学习的指南，包括项目目标和项目内容两部分，其中项目目标主要包括项目名称、项目

项目学习指南

一、项目名称：_____

二、项目成员：_____

三、项目目标：_____

四、项目过程：

项目过程	主要任务
1.选定项目	挑战性、真实性、开放性，项目调研分析，明确需求问题
2.制订计划	团队分工、实践活动规划、时间规划，探究的方法规划
3.活动探究	进行实地考察、人员采访、图书馆查阅资料和社区调研等一系列活动。做好团队进度沟通、项目记录，及时处理问题
4.作品制作	小组成员合作，筛选和汇总资料，设计创作作品
5.成果交流	项目建议书、研究报告、视频、程序等成果形式 在班级、校内、社区、网络等展示交流，解决项目问题。
6.活动评价	师生互评，生生互评，学生自评 根据项目记录进行过程性评价 根据最终作品进行总结性评价

五、实施建议
1.团队成员分工明确，选出项目组长
2.及时沟通任务进度
3.合作探究群体合力
4.积极寻求多种方式解决问题
……

六、时间规划
项目整体起止时间：
中期汇报交流的时间：
最终汇报交流的时间：

七、项目记录

项目过程	主要活动	遇到的问题	解决方法	时间
1.				
2.				

过程、实施建议、时间规划、项目记录等，可以指导学生开展项目式学习；项目内容包括涉及多学科的、为学生完成项目提供的相关知识资料。

微课资源是指运用信息技术，按照认知规律，呈现碎片化学习内容、过程及扩展素材的结构化数字资源，聚焦于解决实践中涉及的知识重难点。微课资源可以激发学生的学习兴趣，便于学生学习和巩固知识技能。

微课资源

5. 实践设计资源

在信息科技课程群中，需要结合学生的学习与生活，为其提供多样化的实物资源，支持其探索、发现、实践和反思。

我们鼓励学生组成团队，从观察身边的生活问题入手，展开头脑风暴，主动借助身边的资源，学习和应用多学科知识，系统地规划和设计解决方案，进而利用提供的实物资源进行创新，最终创造性地解决问题，形成具有价值的成果产品，在做中学、创中学，促进思维进阶和素养提升。

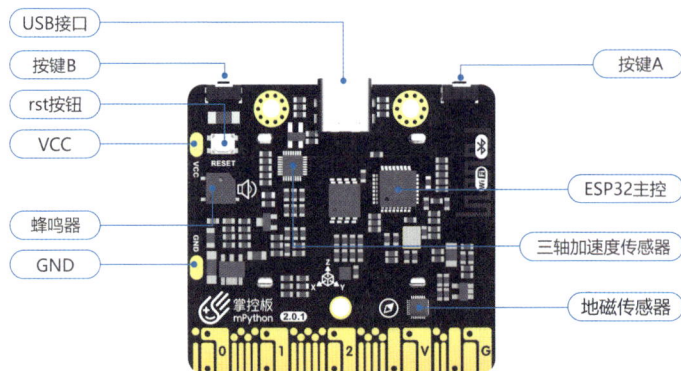

实践设计资源示例

6. 活动评价资源

项目式学习的评价强调主体的多元化、评价内容的综合性与全面性、评价标准的合理性，以及评价方法、手段的多样性。在项目学习探究中，学生在掌握学科知识的同时以合作学习的方式完成项目活动任务，最终形成项目成果作品，可以利用作品成果、作品评价表进行成果作品评价；项目活动评价以项目评价表为主，教师引导重点关注团队合作、成果分享推广过程，引导学生形成良好的项目管理能力。

评价维度	评价内容	评价等级
成果制作	能够熟练运用所学知识完成成果作品设计制作，关注身边生活，很好地解决发现的问题	
交流分享	语言表达流畅；形式有创意，吸引人	
团队合作	小组氛围融洽，愿意共同为目标努力，互相帮助鼓励；全体成员都能积极参与到活动中	
活动管理	目标明确，计划安排合理，利用小组成员不同特点分配不同任务，顺利完成活动	

	评价内容	完成√
确定主题	作品主题清晰、明确、突出	
设计规划	设计规划作品结构内容，并根据需要进行反思和调整	
准备资料	收集和筛选能够凸显主题的资料，并且分类保存管理	
制作作品	图片文字比重合适，页面布局规划合理，技术应用恰当，整体风格统一，较好地表达主题内容	
展示评价	展播分享可以使观众清楚地理解和喜欢你的表达，能够依据一定的标准对作品进行评价	

第六章
北大附小 信息科技课程群 评价体系

　　信息科技课程群（包含人工智能课程）是学校生命发展课程系列中科学素养类课程体系的重要组成部分。

　　我们契合学校课程中学业课程综合评价、学科课程满意率评价、家长满意度评价、学科专业人员评价四位一体的评价体系，对信息科技课程群进行相应评价，并结合信息科技课程群的实践，聚焦该课程群的核心素养，打造"北大附小信息科技核心素养评价平台"，依据"北大附小信息科技核心素养评价标准"，关注学生在一学期、一学年乃至小学阶段信息科技核心素养发展变化的情况，为学生在核心素养方面的成长和提升给予可靠的参考。

　　同时，在课程群项目学习活动中，利用"项目活动评价表"引导学生对团队项目活动进行评价，并提供细化"成果作品评价表",重点针对项目的成果作品进行评价,进而借助成果推广活动进行交流、分享和推广。

这样从上到下,从宏观到微观,从核心素养到过程方法再到知识技能,建立起落地的、可行的、明确的多维度评价体系,引导教师关注学生的成长和发展。

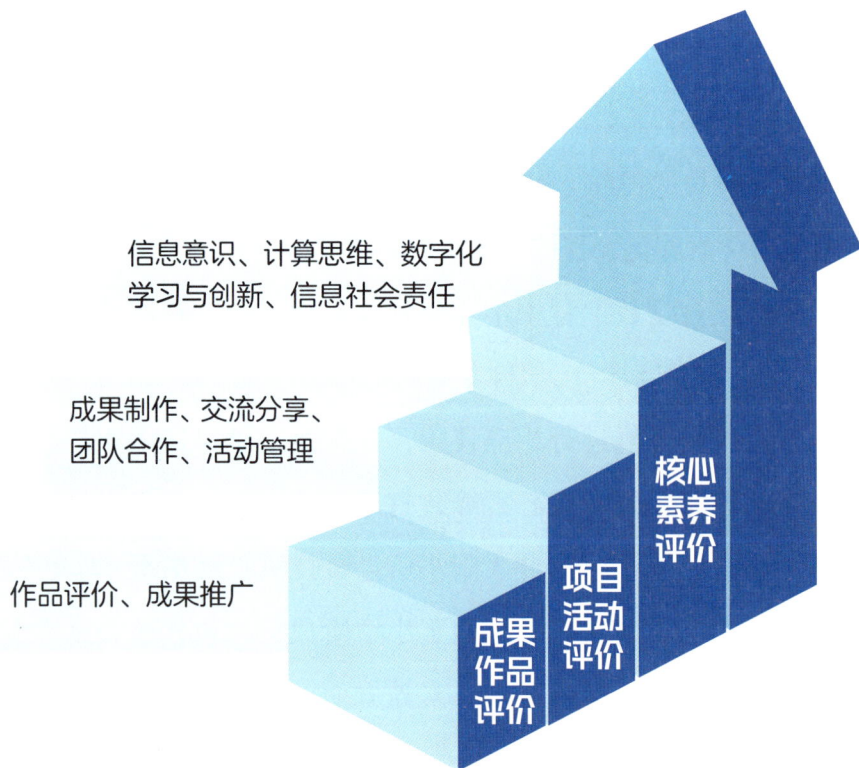

信息意识、计算思维、数字化
学习与创新、信息社会责任

成果制作、交流分享、
团队合作、活动管理

核心
素养
评价

作品评价、成果推广

项目
活动
评价

成果
作品
评价

北大附小信息科技课程群评价体系

一 核心素养评价

我们结合信息科技课程群实践，聚焦课程群核心素养内涵，打造"北大附小信息科技核心素养评价平台"，制订"北大附小信息科技核心评价标准"，从纵向和横向两个维度关注学生的核心素养发展变化。

信息素养

学年 2019—2020 上学期 ﹀
年级 六年级 ﹀ 6班 ﹀
学号 ﹀ ﹀

查询－基础雷达图　查询－折线图

信息技能
■ 2017—2018 学年第一学期　■ 2017—2018 学年第二学期
■ 2018—2019 学年第一学期　■ 2018—2019 学年第二学期
■ 2019—2020 学年第一学期　■ 2019—2020 学年第二学期

学会掌握
创作表达　主动应用

信息意识
■ 2017—2018 学年第一学期　■ 2017—2018 学年第二学期
■ 2018—2019 学年第一学期　■ 2018—2019 学年第二学期
■ 2019—2020 学年第一学期　■ 2019—2020 学年第二学期

敏感判断
合理选择　安全适应

人文素养
■ 2017—2018 学年第一学期　■ 2017—2018 学年第二学期
■ 2018—2019 学年第一学期　■ 2018—2019 学年第二学期
■ 2019—2020 学年第一学期　■ 2019—2020 学年第二学期

信息知识
价值责任　探索创新

信息素养
■ 2017—2018 学年第一学期　■ 2017—2018 学年第二学期
■ 2018—2019 学年第一学期　■ 2018—2019 学年第二学期
■ 2019—2020 学年第一学期　■ 2019—2020 学年第二学期

信息技能
信息意识　人文素养

北大附小信息科技核心素养评价示例－1

信息技能 — 学会掌握 — 创作表达 — 主动应用 — 学会掌握平均值
创作表达平均值 — 主动应用平均值

信息意识 — 敏感判断 — 合理选择 — 安全适应 — 敏感判断平均值
合理选择平均值 — 安全适应平均值

人文素养 — 信息知识 — 责任表达 — 探索创新 — 信息知识平均值
价值责任平均值 — 探索创新平均值

信息素养 — 信息技能 — 信息意识 — 人文素养

信息素养 — 信息素养

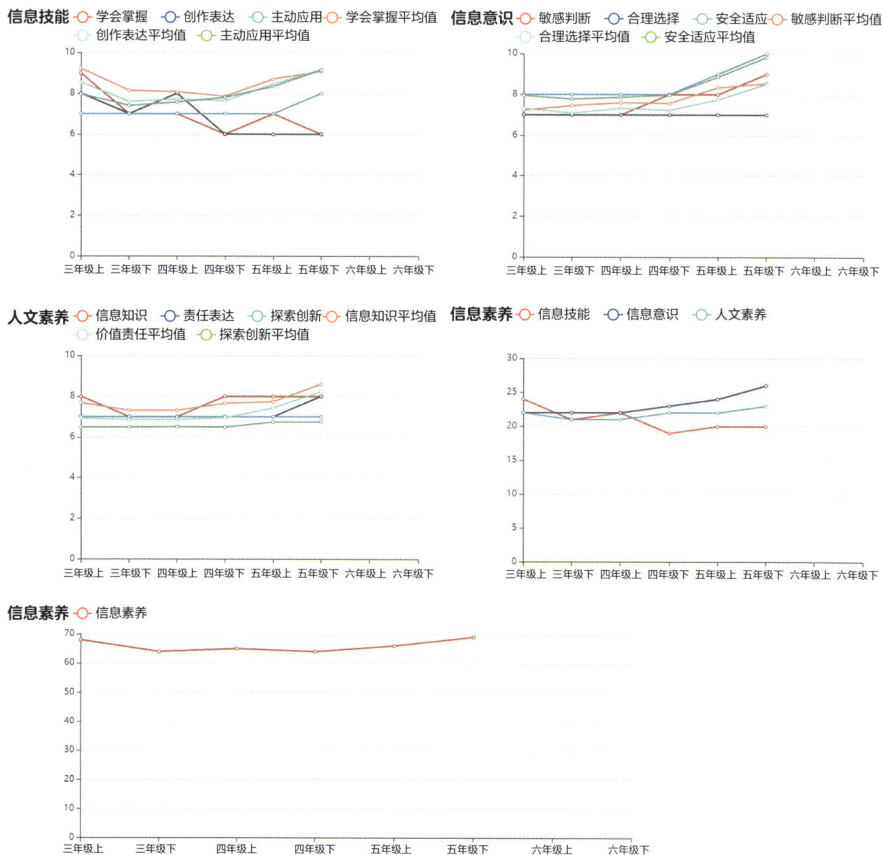

北大附小信息科技核心素养评价示例－2

二 项目活动评价

　　项目活动评价是项目学习中的关键环节，分为成果制作、交流分享、团队合作和活动管理 4 个维度，每个维度设置 A、B、C 3 个评价等级。

项目活动评价用表

	A. 主动选择利用数字工具和资源实现成果的规划、设计和制作，创造性地解决实际问题	B. 能够熟练利用数字工具和资源实现成果的规划、设计和制作，解决实际问题	C. 在他人帮助下，能够利用数字工具和资源实现成果的规划、设计和制作	备注
成果制作				
	A. 语言表达流畅；分享交流形式有创意、吸引人；能够主动进行评价反思	B. 语言表达比较流畅；分享交流形式比较吸引人；能够进行评价反思	C. 语言表达不够流畅；分享交流形式单一；不能进行评价反思	备注
交流分享				
	A. 小组沟通顺畅，共同为目标努力；善于借助线上线下多种途径，全体成员都能积极参与学习活动	B. 小组沟通比较顺畅，能够为目标努力；能够借助线上线下多种途径，大部分成员能参与到活动中	C. 小组沟通不够顺畅，会出现小组工作停滞的情况；只有部分成员参与到活动中	备注
团队合作				
	A. 目标明确，时间计划安排合理，结合小组成员不同特点进行分工协作，高效完成学习活动	B. 目标比较明确，时间计划安排比较合理，能够按照小组成员分工顺利完成活动	C. 目标比较模糊，时间计划安排不太合理，小组未能顺利完成活动	备注
活动管理				

信息科技课程群课堂活动实践评价示例

在线学习与生活—在线协作学习		
1. 在解决问题过程中，你的做法符合哪种情况？	A. 主动将大问题分解成几个小问题来分别进行解决 B. 将大问题分解成几个小问题来分别进行解决 C. 不能将大问题分解成几个小问题来分别进行解决	备注
2. 在日常学习生活中，你是怎样使用数字化工具的？	A. 根据学习生活需要，能够主动选择利用在线思维导图、搜索引擎、应用 App 等数字化工具帮助解决问题 B. 根据学习生活需要，能够利用在线思维导图、搜索引擎、应用 App 等数字化工具帮助解决问题 C. 不能利用在线思维导图、搜索引擎、应用 App 等数字化工具帮助解决问题	备注
3. 在线协作解决问题过程中，你是怎么做的？	A. 明确在线协作规范，积极高效地完成负责部分 B. 了解在线协作规范，比较积极地完成负责部分 C. 对在线协作规范认识模糊，不能顺利完成负责部分	备注

三 成果作品评价

　　成果作品评价主要结合课程目标和课程内容，引导学生围绕作品中涉及的知识技能、方法意识以及作品创新等方面，制订或遵循一定的标准来进行评价。

项目成果作品评价用表

评价内容		完成 √
确定主题	作品主题清晰、明确、突出	
设计规划	设计规划作品的结构和内容，并根据需要进行反思和调整	
准备资料	收集并筛选凸显主题的资料，并且分类保存管理	
制作作品	图片、文字比重合适，页面布局规划合理，技术应用恰当，整体风格统一，较好地表达主题内容	
展示评价	展播分享可以使观众清楚地理解作品所表达的主题，能够依据一定的标准对作品进行评价	

四 成果作品推广

项目学习中还有一个重要环节——成果推广，实践中鼓励学生们借助多种呈现方式、线上线下多种途径来表达、交流、分享、推广及反思，如下图所示。

项目成果推广

五 系统反思迭代

信息科技课程群鼓励学生尝试探索、思考和创新，在持续地学习和探索中进行总结评价、反思迭代，发展其批判性思维。

批判性思维是核心素养的重要内容，批判和反思是创造的基础。我们希望培养的"理想的"批判性思维者应具有开明和公正的心智，会搜寻证据，掌握全面信息，关注他人的观点及其理由，不作超出证据的断言，愿意考虑不同思路并校正观点。

在信息科技课程群的学习活动实践中，最重要的环节是学生对学习活动的回顾反思，教师在实践中可结合评价反馈、交流讨论、头脑风暴、反思改进等多种形式，助力学生建立系统整合、责任反思的意识，形成理性批判、质疑的精神，以此激发学生更多的思考创新。

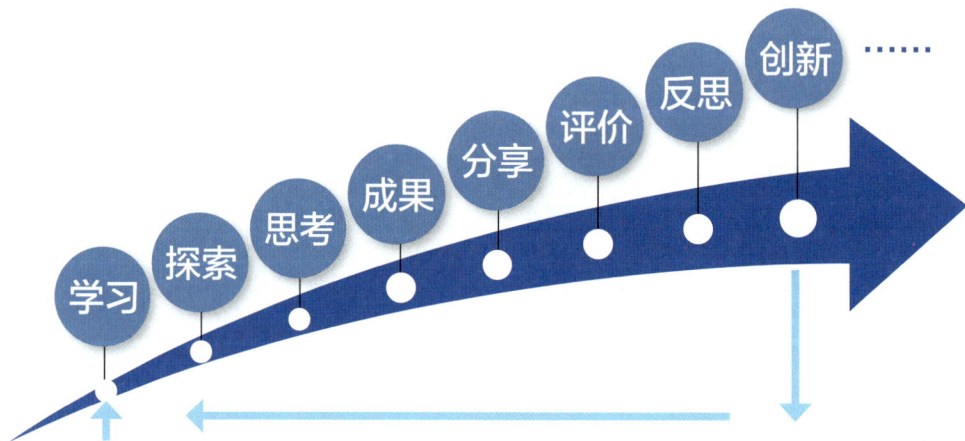

特色信息科技课程群系统反思迭代图示

第七章
北大附小信息科技课程群成效

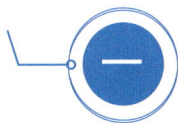

一 形成学生能力发展及素养提升的坚实基础

在北大附小的信息科技课程群中，学生以学习共同体的形式开展学习、探究、发现、解决、应用及分享活动，达成主动知识建构，学会多样化选择和表达，建立共享服务意识。

同时，信息科技课程群在提升学科核心素养的基础上，进一步为学生拓宽了科学、技术、工程、数学等领域的探究视野，为其适应未来的学习和挑战奠定了良好的基础。

结合真实的项目活动进行探究学习，学生在项目活动中进行习得理解、应用选择、评价判断乃至创造创新，在实践中应用问题链和思维导图等策略帮助自己和团队进行总结归纳、思考发现，大大促进学生思维发散，提升其综合、比较、分析以及反思批判的思维能力。

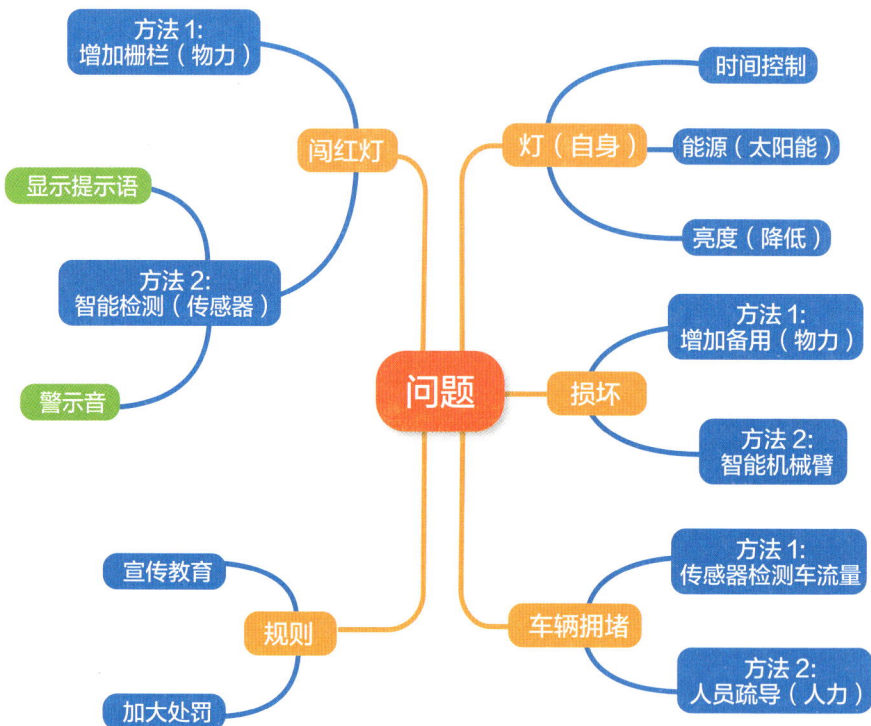

学生思维发展示例

在实施项目学习过程中，学生团队经历了从组建团队、选定项目到制订计划、探究学习直至分享交流、成果推广的全流程。

在团队合作中，在发现问题、解决问题的过程中，在通过多种途径获取资源进行探究中，学生团队逐步实现从简单到复杂、从模糊到清晰、从浅层到深入的认知跨越，他们不断地主动将多学科知识运用于实践，主动融合协作，相互交流。

学习能够大大提升学生发现问题、解决问题、创造创新能力以及团队合作、项目管理的能力，为其适应未来的学习和挑战奠定良好的基础，同时提升学科核心素养。

学生经过信息科技课程群实践的项目学习，问题解决能力发生的变化和成长，如下表所示。

课程群项目学习前测与后测创造力水平独立样本 t 检验

		四年级 A	四年级 B	T 值	P 值
前测	冒险性	23.77 ± 1.37	24.33 ± 2.01	−1.352	0.186
	好奇心	30.89 ± 1.89	30.70 ± 2.68	0.338	0.737
	想象力	28.31 ± 2.88	27.52 ± 2.87	1.143	0.257
	挑战性	28.11 ± 3.00	29.09 ± 2.84	−1.377	0.173
	创造力	111.09 ± 6.15	111.64 ± 5.39	−0.389	0.699
后测	冒险性	28.31 ± 1.53	27.46 ± 2.17	−1.899	0.062
	好奇心	32.57 ± 1.80	31.55 ± 2.22	2.095	0.040
	想象力	35.54 ± 1.50	30.03 ± 2.69	10.523	0.000
	挑战性	33.09 ± 1.67	30.64 ± 2.36	4.97	0.000
	创造力	129.51 ± 3.61	119.67 ± 4.65	9.791	0.000

（表格中呈现的数据为平均数 ± 标准差，*$P<0.05$，**$P<0.01$，***$P<0.001$）

通过《小学生创新思维量表》中的 29 道题目检验学生创新思维发展变化，2021—2022 学年与 2022—2023 学年学期初前测数据显示，学生在创新思维各维度上基本一致。经过一学年的学习后，进行后测检验。

不同学年三年级学生在创新思维上的独立样本t检验			
创新思维年度	发散与横纵思维均值	计算思维均值	批判思维均值
2021—2022	3.144	3.078	3.068
2022—2023	3.301	3.096	3.132
t值	2.343*	0.426	1.202

针对不同学年的三年级学生，采用独立样本t检验方法进行分析，发现其在发散与横纵思维、计算思维、批判思维方面均有提升，其中发散与横纵思维提升显著。

不同学年四年级学生在创新思维上的独立样本t检验			
创新思维年度	发散与横纵思维均值	计算思维均值	批判思维均值
2021—2022	3.811	3.488	3.294
2022—2023	4.300	3.581	3.415
t值	9.753***	1.845	1.804

针对不同学年的四年级学生，采用独立样本t检验方法进行分析，发现其在发散与横纵思维、计算思维、批判思维方面均有提升，其中发散与横纵思维提升显著。

不同学年五年级学生在创新思维上的独立样本 t 检验			
创新思维年度	发散与横纵 思维均值	计算思维均值	批判思维均值
2021—2022	4.195	4.106	3.729
2022—2023	4.351	4.594	3.861
t 值	1.903	13.129***	1.839

针对不同学年的五年级学生，采用独立样本 t 检验方法进行分析，发现其在发散与横纵思维、计算思维、批判思维方面均有提升，其中计算思维提升显著。

不同学年六年级学生在创新思维上的独立样本 t 检验			
创新思维年度	发散与横纵 思维均值	计算思维均值	批判思维均值
2021—2022	4.295	4.391	3.997
2022—2023	4.412	4.520	4.515
t 值	1.932	1.858	13.003***

针对不同学年的六年级学生，采用独立样本 t 检验方法进行分析，发现其在发散与横纵思维、计算思维、批判思维方面均有提升，其中批判思维提升显著。

同时在课程群的项目学习活动中，学生在学习实践中呈现的各类作品成果，彰显出学生创新思维水平和实践能力的不断提升。

统计显示，近4年来，与信息科技课程群相关的社团学生，共计有数百人次荣获了不同级别的科技创新竞赛奖项，既反映了学生不懈的努力，也反映了基于项目的特色信息科技课程群在实践中系统化培养学生核心素养发展所取得的积极成效。这些成果为学生未来的成长和发展奠定了坚实基础。

学生获奖级别统计

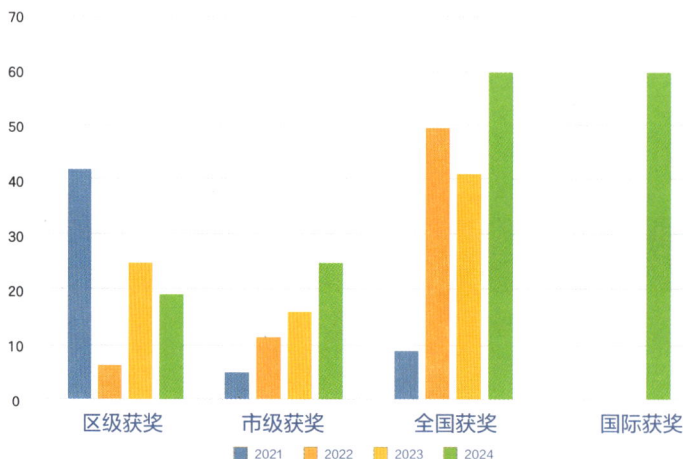

学生获奖类别统计

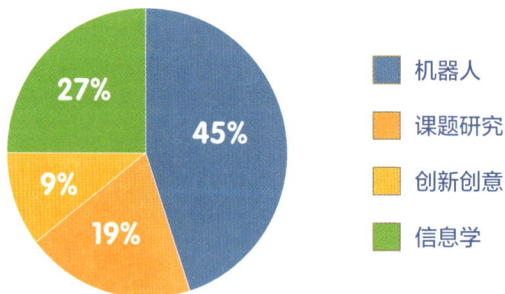

学生创新思维提升发展示例

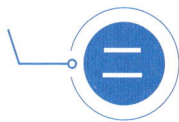

二 提供教师团队专业成长发展的可靠途径

信息科技课程群包含基础类课程、拓展类课程和研究类课程。基于课程的综合性，且项目学习的开展也是以跨学科知识融合为基础，因此对教师提出更高的要求，需要其具备创造力以及协作交流、批判性思考、解决真实问题的能力。

北大附小的教师团队于课程构建、项目实践、教学交流、研究反思中，得到了扎实的发展成长。团队教师主持承担了包括国家、北京市、海淀区级等多项教育科研课题，研究领域涉及课程建设、项目学习、学习资源、单元设计、驱动问题策略、人工智能实施、创新思维培养等多方面，为推动教师团队专业成长提供了可靠途径，切实提升教师的教育教学以及科研能力，促进教师的团队发展与成长。

以课程建设为切入点，教师在课程实践中交流学习、改进提升，形成个人教学风格和教学特色。不断创新的教学课堂实践获得全国小学信息技术优质课特等奖、北京市基础教育优秀课堂一等奖等多个奖项；团队教师出版个人专著，参与编写信息科技教材；多篇研究论文发表在包括核心期刊在内的多种期刊上，并多次获得全国、北京市级优秀论文奖项。课程建设成果获得北京市基础教育课程建设成果一等奖、海淀区优秀教育科研成果一等奖。

教师成果统计（研究示范课、撰写发表论文、承担课题）

教师专业发展示例

三 建设多样课程建设实践的丰富资源

1. 可借鉴的信息科技课程群案例资源

借助北大附小信息科技课程群的教学内容，我们设计了丰富的项目案例，引导学生基于项目学习，主动运用多学科知识来解决真实问题，让学生在团队合作中主动探索，提升其发现并解决问题的能力、推广分享成果的能力、交流与合作的能力以及项目管理的能力，多方面促进其核心素养的提升，以适应未来发展的需求。

（1）基础类课程项目案例

在信息科技课程群基础类课程中，结合学生的学习与生活，设计解决真实问题的项目案例。在项目学习中，引导学生基于项目的一般流程进行学习，并借助紧密结合的问题链以及思维导图选择感兴趣的问题。

（2）研究类课程项目案例

在研究类课程项目学习从项目启动之初到结束的过程中，我们引导学生自己组建团队，制订计划、分工，进行实地考察，思考并发现问题，借助问题链和思维导图汇总问题，再从中找到项目的驱动问题，主动应用多学科知识解决问题，最终以多种形式分享团队成果。

1. 小车初相见-结构组建
2. 小车停下来-棘轮结构
3. 小车机器人-编程图标使用
4. 小车回家了-生活智能道闸

研究类课程机器人项目示例

　　学校结合学生特别是中低年级学生的特点，在三年级的小小创客课程中展开项目学习。学校着重鼓励低年级学生组成团队，观察身边的生活，发现问题，展开头脑风暴，主动借助身边资源，学习和应用多学科知识，设计解决方案，利用手中的材料进行创造创新，最终解决问题，形成产品，并大胆分享推广产品，在做中学，在动手思考中成长。

创客作品——未来科技手表

五组作品
发言人：郝梓鹤
创造团队：郝梓鹤、姚天惠、杨沛然、
　　　　　梁懿文、杨沐昀、徐文浩

多维成像技术

会变饭的桌子

第六小组
田之语、李慕懿、吴秉泽、陈致武、王鹏云

装材料的盒子
操作按键
做出丰盛的美食
辅助机器人
作品功能介绍

研究类课程小小创客项目示例

2. 可实施的信息科技课程群项目评价资源

信息科技课程群的评价包含信息科技核心素养整体评价、项目活动评价、项目成果作品评价，分为过程性评价和终结性评价，由学生和老师共同担任评价的主体。

在课程群实践方面，重点关注学生发现问题解决问题的能力、规划分工的能力、团队合作的能力、项目管理的能力等多方面能力的提升，从信息意识、信息技能、人文素养维度，整体提升学生的信息核心素养。

基于人工智能的项目评价可以借助学习过程中产生的各种学习数据展开，一方面是反映学生学习过程的数据，例如互动问答、课堂行为、面部表情、课堂观察和课堂实录等，从而评价学习过程；另一方面是反映学生学习结果的数据，例如实物作品、成果展示、项目报告等。

也可以基于多样化的评价方式展开测评，比如在课前学情诊断环节，通过已有的学习行为数据、风格与兴趣测试等，了解学生的已有知识能力、生活经验、学习态度和学习风格等基本学情信息；在课上知识建构环节，通过成果展示和互动交流，快速分析数据，实时评价学习进展情况，及时反馈调整教学策略；在课后总结提升环节，通过实物作品、项目报告、课后调查问卷等，评估学生的高阶能力发展水平，支持学生的个性化发展，为后续教学提供参考。

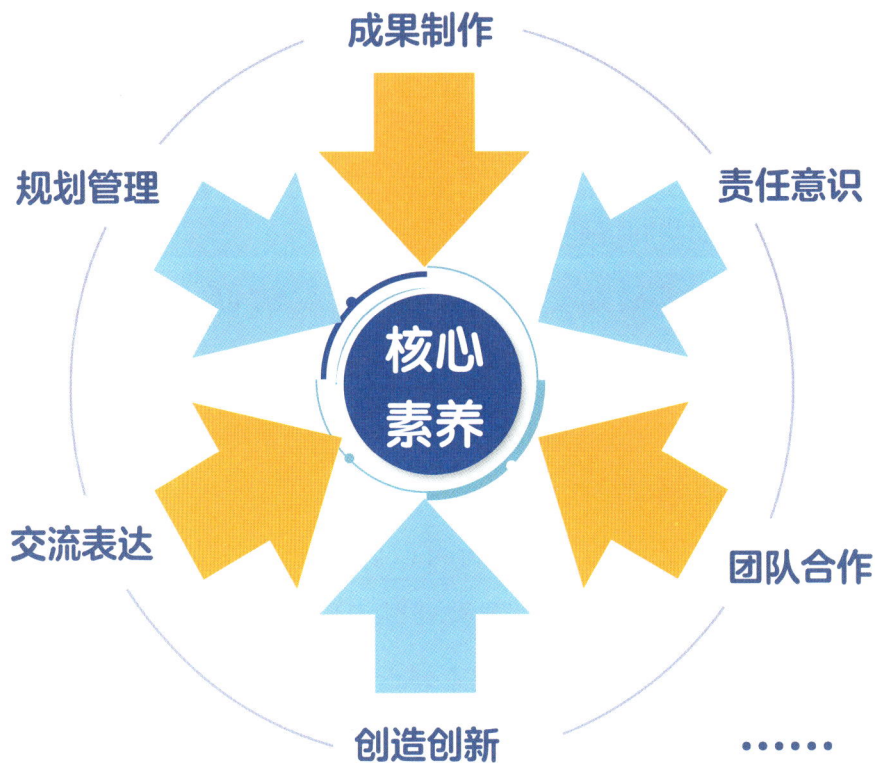

信息科技课程群评价指向

3. 可利用的信息科技课程群用书资源

在信息科技课程群建设过程中，对基于项目的学习活动和鲜活案例加以整理归纳、总结提炼，出版了基于项目学习理念的《机器人探索》《神奇的单片机》等书籍，内容更加贴近生活实际，引导学生从生活中发现问题、研究问题、解决问题，并且结合创新创意项目，进行多样的选择，展开跨学科的项目学习，形成一定的项目成果，并对其进行展示交流分享。

成果制作

责任意识

规划管理

核心素养

交流表达

团队合作

创造创新

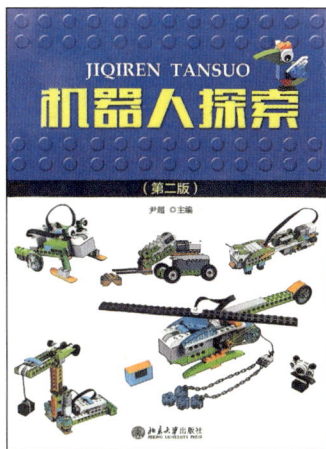

信息科技课程群用书资源

四 拓宽特色课程辐射影响的有效渠道

北大附小信息科技课程群以基础类课程、拓展类课程和研究类课程建立起教学实践生长面，并且结合各级科技竞赛活动、课程实践示范活动以及区级少年科学院、北京市学生金鹏科技团等创新创造空间进行辐射，形成辐射体。

由北京市特级教师、市级骨干教师、区级学科带头人组成的教师团队，借助团队长期持续教育教学研究思考，以学校特色课程建设、实践活动、教育科研为辐射基点，借助课堂研究、专题讲座、课题引领、资源共享以及线上线下融合等方式实现辐射效应。

同时团队借助自身作为国培计划专家主讲以及担任区级信息科技学科兼职教研员的契机，进行全国、市级、区级等区域的引领带动，扩大学校特色课程与教育影响的同时，也建立起更大范围的动态研究教师群体，持续引领更多教师与学校的发展成长。

辐射带动影响

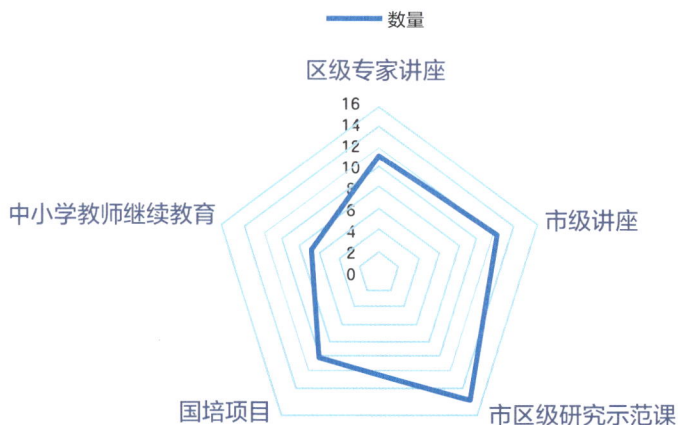

辐射影响示例

第八章
北大附小信息科技课程群创新特色

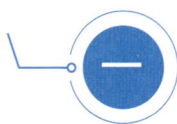

一 丰富核心素养内涵，面向未来发展

教育是面向未来的教育，北大附小信息科技课程群将信息科技学科核心素养进行"本地化"解读，予以丰富内涵和学校特色，注重将科学素养和人文素养融入其中。

基于学生的起点和水平，在满足学生个性化需求的基础上，我们致力于培养学生理解、遵循、负责、参与、融入当今与未来，更好地适应信息社会的变化；以理性、开放、包容、负责的态度，为创新创造做好准备，使学生成为合格的中国公民和世界公民。

二 基于项目设计实践，提升学习品质

北大附小信息科技课程群构建聚焦学生是"课堂的中心"，努力提升学生的学习品质，关注每位学生独具特色的成长经历，为每位学生指引发展的方向。

在打造丰富多样、兼具科学人文底蕴的课程体系基础上，基于生活真实情境，以项目单元架构设计活动，以真实问题发现解决驱动，辅以丰富多样的策略资源支架，引领学生于学科融合、探究发现、选择反思中成长发展。

三 建立完善课程评价，指引反思改进

结合信息科技课程群的实践，聚焦北大附小信息科技课程群的信息素养含义内容，建立"北大附小信息科技核心素养评价平台"，制订"北大附小信息科技核心素养评价标准"，关注学生核心素养的长期发展变化。

同时，在课程项目实践中，给予项目活动评价和成果作品评价以及成果推广的引导支持，契合学生多方面能力发展、核心素养提升以及评价反思的需要，为学生的全面成长给予可靠的参考。

四 打造师生互促空间，促进共同成长

信息科技课程群建设的实践过程中，学生在课堂的探究学习、生活的发现思考、学习的积累、研究的创新中，均取得了长足的发展。教师团队于课程建设、项目实践、教学交流、研究反思中，也得到了扎实的成长。

我们相信，每一个鲜活的生命都有自己的不同之处，教育的本质就是帮助他们激发出这些创新意识。所有的支持最终都是服务于学生的成长——真正的课程应尽力为学生提供切实有力的支持，引领他们学会发现，学会学习，真正提升其核心素养，帮助学生成长为适应未来社会的创新人才。

参考文献

[1] 中华人民共和国教育部.义务教育信息科技课程标准（2022年版）.北京：北京师范大学出版社，2022.

[2][美]巴克教育研究所.项目学习教师指南——21世纪的中学教学法（第2版）.北京：教育科学出版社，2008.

[3] 柳栋，马涛，容梅，徐彤，陈美玲.中小学人工智能课程群建设的一种跨领域开放框架[J].中国电化教育，2020(12).

[4] 李宏伟.核心素养关照下的校本课程建设探析[J].教学与管理，2019(09).

[5] 路光远.学科课程群建设：课程品质提升的一种路径[J].上海教育科研，2019(08).

[6] 张斌.基于核心素养的校本课程建设[J].教学与管理，2018(16).